Jörn Heller

111 Orte in Siegen-Wittgenstein, die man gesehen haben muss

111

emons:

Bibliografische Information der Deutschen Nationalbibliothek
Die Deutsche Nationalbibliothek verzeichnet diese Publikation in der Deutschen Nationalbibliografie; detaillierte bibliografische Daten sind im Internet über http://dnb.d-nb.de abrufbar.

MIX
Papier aus verantwortungsvollen Quellen
FSC® C083411
FSC www.fsc.org

Layout: Eva Kraskes, nach einem Konzept von Lübbeke | Naumann | Thoben
Kartografie: altancicek.design, www.altancicek.de
Kartenbasisinformationen aus Openstreetmap, © OpenStreetMap-Mitwirkende, ODbL
Druck und Bindung: CPI – Clausen & Bosse, Leck
Printed in Germany 2020
Erstausgabe 2020
ISBN 978-3-7408-0976-8
Aktualisierte Neuauflage November 2020

Vorwort

Eine Auswahl ist immer ungerecht. Hat der Autor sich einmal für 111 Orte entschieden, die man seiner Ansicht nach gesehen haben muss, bleiben zugleich viele andere unberücksichtigt. Nicht, weil sie nicht sehenswert wären, sondern schlicht deshalb, weil der Umfang eines Buches begrenzt ist.

Auf den folgenden Seiten stelle ich Ihnen Örtlichkeiten vor, nach deren Besichtigung ich das unmittelbare Gefühl hatte, davon berichten zu müssen, wobei ich die eher unbekannten bevorzugt und mich bei den bereits bekannten darum bemüht habe, das Augenmerk auf die eher unscheinbaren Seiten an ihnen zu richten. Einen großen Teil der vorgestellten Orte hätte ich niemals entdeckt, wären sie mir nicht von zahlreichen begeisterten Heimatliebhabern zugetragen worden, und ich danke meinen auskunftswilligen Informanten herzlich für ihre Unterstützung. Ebenso herzlich danke ich allen freundlichen Besserwissern, die meine Texte mit kritischem Blick gegengelesen, korrigiert, um wichtige Informationen ergänzt und dadurch verbessert haben. Ohne ihr Mitdenken wäre dieses Buch nicht zu stemmen gewesen.

Was das Kleingedruckte darin betrifft: Da Siegen nun einmal die Hauptstadt des Kreises Siegen-Wittgenstein ist, verstehen sich die Angaben zum Öffentlichen Personennahverkehr (ÖPNV) mit Siegen als Ausgangspunkt, wobei ich mich bei den Busverbindungen der Einfachheit halber auf *eine* Verbindung, nämlich die wichtigste beschränkt habe. Bei den »Tipps« finden Sie neben »Bonus-Material« auch Querverbindungen, die dazu anregen sollen, den Besuch nahe zusammenliegender Orte miteinander zu kombinieren.

Nun aber genug der Vorrede, raus aus dem Haus und hin zu den 111 Orten! Jedes Wochenende einen, und in zwei Jahren werden Sie wissen, wie toll Siegen-Wittgenstein ist, falls Sie das nicht eh schon längst wussten.

111 Orte

1___ Das Alexander-Mack-Museum | Bad Berleburg
Hoch erhaben und himmelsnah | 10

2___ Die Aussichtskanzeln der Via Adrina | Bad Berleburg
Das Edertal von oben betrachtet | 12

3___ Die Bibel im Schloss Berleburg | Bad Berleburg
Großprojekt und Leserschreck | 14

4___ Das Café Anno Dazumal | Bad Berleburg
Tortenpracht im Trödelladen | 16

5___ Diedenshausen | Bad Berleburg
Bundesgoldstück an der Grenze | 18

6___ Die Drehkoite in Girkhausen | Bad Berleburg
Hobelbank der Schüsseltreter | 20

7___ Die evangelische Kirche in Arfeld | Bad Berleburg
Romanisch für Radfahrer | 22

8___ Die Fachwerkkapelle von Sassenhausen | Bad Berleburg
Zimmermannskunst im Kleinformat | 24

9___ Die Goldeiche von Wemlighausen | Bad Berleburg
Jedes Frühjahr ihrer Zeit voraus | 26

10___ Das Schieferschaubergwerk | Bad Berleburg
Steinespalten unter Tage | 28

11___ Das Schmiedemuseum in Arfeld | Bad Berleburg
Dorfzentrale mit Bachanschluss | 30

12___ Die Wisent-Wildnis | Bad Berleburg
Wittgensteiner Waldgiganten | 32

13___ Der Wittgensteiner Schieferpfad | Bad Berleburg
Kraxelweg in Edernähe | 34

14___ Das Bierwegelchen | Bad Laasphe
Dies' Wandern ist des Mannes Lust | 36

15___ Druckerei Ernst Schmidt | Bad Laasphe
Familienbetrieb im Stillstand der Zeiten | 38

16___ Die Ilsequelle | Bad Laasphe
Rechtsdrehendes Heilwasser zum Selberholen | 40

17___ Das Pilzkundemuseum | Bad Laasphe
Artenvielfalt im Rampenlicht | 42

18___ Das Radiomuseum | Bad Laasphe
Good Vibrations über Röhren | 44

19 Der Sarg der Gräfin | Bad Laasphe
Bestattungskunst im Schulkeller | 46

20 Die Teufelskanzel | Bad Laasphe
Abflugrampe für Höllenflüge | 48

21 Der Weidelbacher Weiher | Bad Laasphe
Seerosenidyll aus Menschenhand | 50

22 Der Große Stein | Burbach
Des Riesen Halde im Walde | 52

23 Das Heimhof-Theater | Burbach
Kleinkunst-Charme und Nostalgie | 54

24 Das Landhaus Ilse | Burbach
Bauhaus-Ästhetik, bunt variiert | 56

25 Der Siegerland-Flughafen | Burbach
Start- und Landebahn der Region | 58

26 Die Steinbrecheranlage | Burbach
Marmorstein und Eisen bricht. Basalt auch. | 60

27 Das Wetterbachtal | Burbach
Wiesenweite im Hickengrund | 62

28 Balds historische Fahrzeugschau | Erndtebrück
Wenn der Vater mit dem Sohne … | 64

29 Der Ederradweg | Erndtebrück
Flussidyll in zwei Etappen | 66

30 Das Hochmoor »Auf der Struth« | Erndtebrück
Sumpfrelikt im Industriegebiet | 68

31 Das 4fachwerk | Freudenberg
Geschichte und Kunst mittendrin | 70

32 Der Alte Flecken | Freudenberg
Einzigartig und postkartenschön | 72

33 Die Alte Schanze Hohenhain | Freudenberg
Sicherheitstrakt aus Naturmaterial | 74

34 Der Backes in Oberholzklau | Freudenberg
Eine Schönheit unter vieren | 76

35 Die Bärenwaldeiche | Freudenberg
Standhaft durch die Jahrhunderte | 78

36 Das Café Zuckerpuppen | Freudenberg
Gelegenheitscafé im Ofenstudio | 80

37 Der Hohenhainer Eisenbahntunnel | Freudenberg
Lichtblicke im Felsmassiv | 82

38 Die Kirmes im Technikmuseum | Freudenberg
Wunderwelt aus Kindertagen | 84

39 Die Roetzel-Orgel | Freudenberg
Pfeifentempel mit Kanzelanschluss | 86

40 Das alte Internat in Stift Keppel | Hilchenbach
Jungfrauencharme mit Zucht und Ordnung | 88

41 Die Bergbausiedlung Altenberg | Hilchenbach
Silberstadt mit Sagenruhm | 90

42 Die Ginsburg | Hilchenbach
Pilgerruine für Niederländer | 92

43 Die Graf-Gerlachs-Burg | Hilchenbach
Einsam, alt und schwer zu finden | 94

44 Jung-Stillings Grund | Hilchenbach
Weltbürgers Kinderstube | 96

45 Das Stahlbergmuseum | Hilchenbach
Vom Bethaus ins Gestein | 98

46 Das Viktoria Filmtheater | Hilchenbach
Kunstgenuss im Doppelpack | 100

47 Das Café Basico | Kreuztal
Lokschuppen mit Tanzparkett | 102

48 Die Dicke Buche von Krombach | Kreuztal
Der knorrige Weggefährte | 104

49 Dreslers Park | Kreuztal
Italienische Renaissance am Verkehrsknotenpunkt | 106

50 Der Historische Hauberg Fellinghausen | Kreuztal
Wo Siegerländer Herzen höherschlagen | 108

51 Der Kindelsbergturm | Kreuztal
Weithin bekannt dank Hopfen und Malz | 110

52 Das Naturfreibad Zitzenbach | Kreuztal
Gut versteckt und immer offen | 112

53 Restaurant-Bar Fünf10 | Kreuztal
»All-inclusive« einmal anders | 114

54 Die Schlossküche von Junkernhees | Kreuztal
Wirtschaftsraumtraum im Kellergeschoss | 116

55 Tosch Genusshütte | Kreuztal
Wo Männerherzen höherschlagen … | 118

56 Der Wasserspielplatz an der Zitzenbachstraße | Kreuztal
Kinderträume analog | 120

57 Die Alte Burg | Netphen
Götterberg mit Spitzenblick | 122

58 Bi Krämersch | Netphen
Ultimative Dorfkneipe mit Vorzeigewirt | 124

59 Der erste Motor-Omnibus der Welt | Netphen
Linienverkehr im Kutschen-Look | 126

60 Das Forsthaus Hohenroth | Netphen
Lieblingsort im Quellgebiet | 128

61 Gasthaus Klein | Netphen
Spitzenfachwerk mit Säbelhieb | 130

62 Das Gefrierhaus in Beienbach | Netphen
Gemeinsam unter null | 132

63 Die Gerberei Jüngst | Netphen
Fellmacherkunst wie zu Großvaters Zeiten | 134

64 Der Kohlenmeiler von Walpersdorf | Netphen
Geballte Kraft aus Haubergsholz | 136

65 Die lange Bank von Hermedeiche | Netphen
Gruppensitz beim Wetterhahn | 138

66 Die Märzenbecherwiesen von Walpersdorf | Netphen
Frühlingsboten im Feuchtgebiet | 140

67 Die Nenkersdorfer Wassermühle | Netphen
Wer zuerst kommt, mahlt zuerst | 142

68 Der Wandertreff in Nenkersdorf | Netphen
Grillhütte mit Schlosstresen | 144

69 Die Wasserburg Hainchen | Netphen
Auferstanden aus Ruinen | 146

70 Das Haus Henrichs | Neunkirchen
Fertigbau mit Katakombe | 148

71 Der Pfannenbergturm | Neunkirchen
Höhenangst beim tiefen Schacht | 150

72 Der Silbersee | Neunkirchen
Westernromantik ohne Karl May | 152

73 Die 55 Kirschbäume am Wellersberg | Siegen
Blütenzauber von kurzer Dauer | 154

74 Das alte Siegen der Tzveta Grebe | Siegen
Unvergessen an Wänden und Stromkästen | 156

75 Der Alte Weinkeller | Siegen
Rebenbastion im Hopfenland | 158

76 Der Baguette-Laden | Siegen
David neben Goliath | 160

77 Das Beatles-Museum | Siegen
All you need is love. Und zwei kleine Räume. | 162

78 Das Brauhaus Irle | Siegen
Hochmodern und ziemlich alt | 164

79___ Das Bruchwerktheater | Siegen
Ausdruck statt Konsum | 166

80___ Das Café Waffelzwerg | Siegen
Tortenträume in Rosarot | 168

81___ Der Dicke Turm | Siegen
Mit Volksliedern gegen das Unrecht | 170

82___ Das Dunkelrestaurant | Siegen
Wie Sie sehen, sehen Sie nichts | 172

83___ Edeka Schuh | Siegen
Wo Tante Emma noch einkaufen würde | 174

84___ Die Fürstengruft | Siegen
Gut geplant, doch schlecht belegt | 176

85___ Eismanufaktur EIS.ERFELD | Siegen
Limetteneis in Schieferästhetik | 178

86___ Gaststätte Harr | Siegen
Einmal Schampe, bitte! | 180

87___ Der Geisweider Flohmarkt | Siegen
Schnäppchen unterm Straßenverkehr | 182

88___ Der Glockenstuhl der Nikolaikirche | Siegen
Uhrzeitklänge wie im Mittelalter | 184

89___ Die Gotische Halle | Siegen
Schlosskeimzelle mit gutem Grund | 186

90___ Das Heimathaus Bürbach | Siegen
Wohnkultur für kleine Leute | 188

91___ Hermannstraße neun | Siegen
Zeichenkunst hinter Schiefer | 190

92___ Der Historische Tiergarten | Siegen
Lustwandeln über der Stadt | 192

93___ Der karolingische Fußboden der Martinikirche | Siegen
Siegens älteste (und versteckteste) Stelle | 194

94___ Kathreiner's Kaffeerösterei | Siegen
Duft im Dorf samt Koffein | 196

95___ Der Kräutergarten im Schlosspark | Siegen
Bienenoase in historischem Ambiente | 198

96___ Die Kulturscheune Sonnenhof | Siegen
Solarkraft in Breitenbach | 200

97___ Der Lokschuppen | Siegen
Altes Eisen im Halbkreis | 202

98___ Monte Schlacko | Siegen
Der Zuckerhut von Geisweid | 204

99___ Das Onnerdorf von Niederschelden | Siegen
Inselidyll in Kreta-Nähe | 206

100___ Das Planetenmodell | Siegen
Weltraum zum Anfassen | 208

101___ Rainers Plattenladen | Siegen
Standhaft ohne Web | 210

102___ Die Schlüsselstelle | Siegen
Bouldercafé im Fabrikgebäude | 212

103___ Der Sieg-Werthe-Weg | Siegen
Strampeln (fast) ohne Steigung | 214

104___ Die Trupbacher Heide | Siegen
Friedliches Paradies um die Ecke | 216

105___ Die alte Linde in Niederdielfen | Wilnsdorf
Vom Gasthaus zur Kulturkneipe | 218

106___ Die Autobahnkirche | Wilnsdorf
Stille neben Lastkraftwagen | 220

107___ Der Birkenhof | Wilnsdorf
Landwirtschaft, wie sich's gehört | 222

108___ Die Gernsdorfer Weidekämpe | Wilnsdorf
Altbäuerliche Kulturlandschaft von ihrer besten Seite | 224

109___ Kaufhaus Schuh | Wilnsdorf
Der Karstadt von Rudersdorf | 226

110___ Das NaKuMe | Wilnsdorf
Paradies der Lebensräume | 228

111___ Die Tiefenrother Höhe | Wilnsdorf
Lieblingsblick der Windnasen | 230

1 Das Alexander-Mack-Museum

Hoch erhaben und himmelsnah

Als der radikale Pietist Alexander Mack 1708 sieben Erwachsene in der Eder taufte, ahnte niemand, dass 300 Jahre später rund 750 Amerikaner zum Jubiläum ihrer Glaubensgemeinschaft anrücken würden, für die das beschauliche Schwarzenau ungefähr das ist, was Rom für die Katholiken ist. Der Gründungsvater der »Church of the Brethren«, wie die Bewegung heute heißt, hatte vom toleranten Grafen Henrich Albrecht zu Sayn-Wittgenstein-Hohenstein ein hoch gelegenes Hanggelände zur Verfügung gestellt bekommen, wo Macks Anhänger in einfachen Hütten lebten, bevor sie um 1729 nach Nordamerika auswanderten. Noch heute heißt das besagte Siedlungsgebiet »Oberes Hüttental«, wo sich in einem alten Fachwerkhaus das Alexander-Mack-Museum befindet.

In den kleinen Räumlichkeiten mit ihren zahlreichen originalen Einrichtungsgegenständen (und zwei gusseisernen Öfen aus dem gräflichen Herrenhaus) gibt es zum einen die altmodische Tracht des Ehepaars Miller zu bestaunen, dessen entsagungsvolles Design lange Zeit die Kleiderordnung der »Schwarzenau Brethren« bestimmte. Darüber hinaus befindet sich im ältesten Teil des Hauses, der vermutlich schon in der Zeit Alexander Macks existierte, ein ungewöhnlicher Raum, dessen spartanische Ausstattung eindrucksvoll den bescheidenen Wohn- und Heizkomfort vergangener Zeiten veranschaulicht, wobei die Hütten der Mack-Brüder von diesem soliden Fachwerkkomfort noch weit entfernt gewesen sein dürften.

Atemberaubend schön ist das, was man nach dem Besuch des Museums zu sehen bekommt, wenn man sich ein paar Schritte zur nächsten Talabfahrt begibt. Neben der Aussicht aufs himmlische Jerusalem dürfte die Schwarzenauer Brüder auch diese Perspektive erfreut haben, jedenfalls dann, wenn sie für die irdischen Schönheiten nicht gänzlich unempfänglich waren.

Adresse Zur Eiche 6a, 57319 Bad Berleburg-Schwarzenau, Tel. 02755/88112 | **ÖPNV** Bahn oder Bus R27 bis Bad Berleburg, R33 bis Schwarzenau Alte Fabrik | **Öffnungszeiten** jeden 1. So im Monat 14–17 Uhr und nach Vereinbarung | **Tipp** Burkhard Kassel, der 2008 die Jubiläumsgäste mit Essen versorgte, kocht im Familienbetrieb (seit 1873) unschlagbare Hausmannskost (www.gasthof-kassel.de).

2 Die Aussichtskanzeln der Via Adrina

Das Edertal von oben betrachtet

Wer nur anreist, um sich die beiden Kanzeln anzuschauen, der versäumt das Beste, denn die Via Adrina, die beide Aussichtsplattformen miteinander verbindet, wurde 2009 als drittschönster Wanderweg Deutschlands ausgezeichnet. Zwar ist inzwischen durch Sturmschäden die eine oder andere Wildnis entstanden, was aber an der Schönheit dieses außergewöhnlichen Rundwegs insgesamt wenig ändert.

Der Weg ist gut 20 Kilometer lang und mit etwas Kondition, robustem Schuhwerk und einem Wanderstock in etwa sechs Stunden zu bewältigen. Er lässt sich jedoch für weniger Ambitionierte in zwei bequeme Etappen teilen, wobei dann jeder der beiden Wanderungen eine eigene Aussichtskanzel zur Verfügung steht: Nummer 1 wendet sich gleich am Anfang dem Dörfchen Arfeld zu, während man von Nummer 2 etwa in der Mitte des Weges Richtung Schwarzenau hinunterblickt. Beide Kanzeln liegen weit oben, fernab der Menschheit, windumrauscht und hoch erhaben oberhalb der Eder, deren lateinischer Name *Adrina* dem Weg seinen Namen gab und deren Lauf sich als roter Faden durch die gesamte Strecke zieht. Das Besondere an der Via Adrina sind die majestätischen Ausblicke aus höchster Höhe in die offene Weite der Tallandschaft, die mit ihrem satten Grün und dem silbernen Streifen ihres breiten Flusses den optischen Bezugspunkt bildet.

Beginnen sollte man die Via Adrina am Parkplatz vorm Arfelder Gasthof »Zum Bahnhof«, wo an einer Informationstafel Flyer zum Streckenverlauf verfügbar sind, denen auch die Abkürzungs- bzw. Zweiteilungsmöglichkeit zu entnehmen ist. Dank deutscher Gründlichkeit ist der gesamte Weg mit Nummern versehen. Die insgesamt 35 Stationen werden im Flyer kurz in ihrer jeweiligen Besonderheit erläutert, sodass dem Wanderer weder die alten Hutelandschaften mit Brunkel (Restwälder mit Brunnenquelle) noch das rote Wittgensteiner Höhenvieh entgehen.

Adresse Start der Via Adrina: Arfelder Hauptstraße 1, 57319 Bad Berleburg-Arfeld | **ÖPNV** Bahn oder Bus R 27 bis Bad Berleburg, R 33 bis Arfeld Ederbrücke | **Tipp** Einkehrmöglichkeit am Anfang der Via Adrina: das Café Hainbach in Arfeld (www.fewo-cafe-hainbach.de), in der Mitte: die Schwarzenauer Mühle in Schwarzenau (www.schwarzenauer-muehle.com).

3 Die Bibel im Schloss Berleburg

Großprojekt und Leserschreck

Es gibt manches, das in dem weitläufigen Gebäudekomplex sehenswert ist: Das Zimmer, in dem angeblich Königin Beatrix zum ersten Mal ihren Mann getroffen hat – was vor allem die niederländischen Besucher interessiert. Der Saal, in dem sich das Geweih eines der weltstärksten Hirsche befindet, ein ungerader 28-Ender, erlegt von Prinz Richard in den Berleburger Wäldern – was vor allem Jäger fasziniert. Und dann gibt es da noch jene eher unscheinbare Räumlichkeit, die ein Kuriosum beherbergt, das Licht auf den Charakter der wohl interessantesten Persönlichkeit von Berleburg wirft.

Graf Casimir zu Sayn-Wittgenstein-Berleburg (1687–1741) war das, was man gern als Barockfürsten bezeichnet, dessen Lebensart zu einer gewissen großzügigen Üppigkeit neigte. Als ideenreicher Bauherr mit großem Gestaltungswillen (und einem stattlichen Vermögen, das ihm durch seine zweite Ehe zuteilwurde) ließ er den heutigen Mittelbau des Schlosses sowie den Park errichten. Als gottesfürchtigem Mann jedoch, der in seinem Tagebuch akribisch Rechenschaft über seine Sünden ablegte, lag ihm auch die christliche Bildung seiner Untertanen am Herzen. So unterstützte er mit erheblichen finanziellen Mitteln eine Neuübersetzung der Bibel »nach dem Grund-Text«, die von 1726 bis 1742 »nebst einiger Erklärung des buchstäblichen Sinnes« in acht Bänden erschien.

Gedruckt wurde das pietistische Opus magnum »zu Berlenburg«, wo Casimir auch eine eigene Papiermühle ansiedelte, und damit das Großprojekt für den Grafen nicht zu teuer wurde, gab er seinen Untertanen die Gelegenheit, sich über den Kauf von Lotterielosen an der Finanzierung zu beteiligen. Allen frommen Ambitionen zum Trotz war der Berleburger Bibel aber keine allzu große Verbreitung beschieden, was nicht zuletzt auch an ihrem Umfang gelegen haben dürfte. Auch in geistlichen Dingen scheint die Würze in der Kürze zu liegen.

Adresse Goetheplatz, 57319 Bad Berleburg, Tel. 02751/936010, www.wittgenstein-berleburg.net | **ÖPNV** Bahn oder Bus R27 nach Bad Berleburg | **Öffnungszeiten** Zutritt nur im Rahmen von Führungen, Mai–Okt. täglich 10.30 und 14.30 Uhr, Nov.–April Di, Do, Sa, So 14.30 Uhr | **Tipp** Eine unterhaltsame Erkundung von Schloss und Stadt bietet die Kulturwissenschaftlerin Gabriele Rahrbach mit Führungen in historischen Kostümen (www.berleburger-zeitenspruenge.de).

4__Das Café Anno Dazumal

Tortenpracht im Trödelladen

»Kuchenstücke unter 300 Gramm sind Kekse.« So steht es auf einem Schild über der Anrichte, die dann auch folgerichtig keinen einzigen Keks erkennen lässt. Für großkalibrige Backwaren ist Oma Erika zuständig, die am Wochenende bis zu 20 verschiedene Torten backt, von denen etwa zehn in der engen Schneise zwischen vorderer und hinterer Gaststube präsentiert werden, auf und neben einer alten Radiokommode aus den 1950er Jahren, Modell »Moderato«, Tasteneinstellung »Raumklang«.

Zwischen Vorder- und Hinterstübchen steht Frack-, Krawatten- und Brillenträger Johann, zylinderbehütetes Relikt einer Haushaltsauflösung. Er wacht über das Wohlergehen der Besucher, die sich im Anno Dazumal mit einem Lächeln einfinden, um neben der Tortenvielfalt das herrlich altmodische Ambiente zu genießen.

Ist es bei den Backwaren die Wittgensteiner Schokotorte, die hervorzuheben wäre, so sind es bei den versammelten Antiquitäten die Bierseidel mit Deckel, Kuchenformen aus Keramik und Teekannen aus Kupfer und Messing, die ins Auge fallen. Die meisten ausgestellten Gegenstände sind käuflich zu erwerben, und so kann es geschehen, dass bereits beim ersten Stück Torte begehrliche Blicke durch den Raum wandern und die Wände, Regale und Vitrinen nach irgendeiner schönen kleinen Habseligkeit absuchen, die sich als Trophäe mitnehmen ließe.

Unverkäuflich ist dagegen das riesige Gästebuch mit marmoriertem Buchschnitt, das im Eingangs- oder besser Ausgangsbereich auf die Grüße und Sympathiebekundungen der seligen Tortenesser und Trophäenjäger wartet. Schon flüchtiges Durchblättern verrät internationalen Besuch, welcher dank der 800 Seiten des schweren Wälzers auch bei eifrigstem Gebrauch noch problemlos ein paar Jahre weitergehen kann. Eine tote Tante ist im Café Anno Dazumal schon für 4,80 Euro zu haben, während die lebendige Oma mit ihren Backkünsten für immer unbezahlbar bleibt.

Adresse Parkstraße 13, 57319 Bad Berleburg, Tel. 0160/4461443, www.cafe-anno-dazumal.de | **ÖPNV** Bahn oder Bus R27 bis Bad Berleburg | **Öffnungszeiten** Do, Fr 14–18 Uhr, Sa, So 12.30–18 Uhr | **Tipp** Das Anno Dazumal ist Ausgangspunkt diverser Führungen und Wanderungen durch Stadt und Umgebung (www.rothaar-touren.de).

5 Diedenshausen

Bundesgoldstück an der Grenze

Frau Althaus wohnt im »Wanersch« (dem Haus der Wagners), und das steht in Diedenshausen, welches zu Berleburg gehört. Will sie Milch holen, huscht sie über ein Brückchen zu ihrem Kuhstall, der in der Gemeinde Bromskirchen liegt. Zwischen Wohnhaus und Kuhstall fließt die Elsoff, ein kleiner Bach, durch dessen Mitte sich die Ländergrenze zieht. Wenn Frau Althaus auf der Brücke steht, um noch einmal versonnen die üppige Ufervegetation zu betrachten, dann steht sie mit einem Bein in Nordrhein-Westfalen und mit dem anderen in Hessen.

Das ist aber nicht die einzige Besonderheit von Diedenshausen. Das schmucke Örtchen im Nordosten von Wittgenstein ist das einzige Dorf im Kreis, welches beim Wettbewerb »Unser Dorf soll schöner werden« die Goldauszeichnung erhielt – wohlgemerkt: auf Bundesebene. Das ist zwar schon ein paar Jährchen her (1998), was aber am Charme des Dorfes nicht viel geändert hat.

Zum einen kann sich Diedenshausen glücklich schätzen, noch eine große Anzahl gut erhaltener und bestens gepflegter Fachwerkhäuser zu besitzen, von denen viele mit aufwendigen Schriftzügen und buntem Schnitzwerk verziert sind. Zum andern scheinen die knapp 400 Einwohner über den berühmten grünen Daumen zu verfügen und einen ausgeprägten Sinn für die Schönheit von Kleinigkeiten zu besitzen. In allen Gärten sprießt und blüht es im Frühling und Sommer so bunt und üppig, dass man vorübergehend denken könnte, man sei versehentlich nach Südengland geraten. Hier ein altes Wagenrad, dort eine Heugabel, anderswo ein weinberanktes Bänkchen, eine Mauer mit Milchkannen, ein grün getünchter Taubenschlag – in Diedenshausen ist man sich über den dekorativen Wert der Nutzgegenstände voll im Klaren.

Hilfe für das Gedeihen der Gärten kommt aus dem Elsofftal, durch das mildere Luft herbeiströmt, als man sie in Siegen-Wittgenstein gewöhnt ist. Ein Grund mehr, einmal ganz tief durchzuatmen.

Adresse 57319 Diedenshausen, www.diedenshausen.de | ÖPNV Bahn oder Bus R 27 bis Bad Berleburg, L 195 bis Diedenshausen Schwan | Tipp Ein besonders grüner Daumen macht sich beim Anwesen Zum Heiligenholz bemerkbar, wo ein weiteres Brückchen über die Elsoff führt, die sich unter dichtem Pestwurz hindurchkämpft. Einen besonders guten Streuselkuchen gibt es in der Bäckerei Schwan.

6 Die Drehkoite in Girkhausen

Hobelbank der Schüsseltreter

Koite heißt Kuhle. Und gedreht wurden in der Kuhle Holzschüsseln. In Girkhausen geschah das, als Elektrizität noch nicht zur Arbeitserleichterung beitrug, mit einer ungewöhnlichen Technik, die möglicherweise durch Pilger bekannt wurde, welche bis zur Reformationszeit noch in Scharen nach Girkhausen kamen, um vom wundertätigen Marienbild und dem Heilwasser des Marienborns zu profitieren.

Bei dieser Technik wird die Drehbank durch einen langen Lederriemen angetrieben, dessen eines Ende mit einem Fußpedal und dessen anderes Ende mit einer Art Feder verbunden ist. Die Feder besteht aus einem langen Ast, der sich unter der Decke quer durch den Raum spannt, und ist aus Ebereschenholz gefertigt, das die Spannung besonders gut und lange hält. Der mittlere Teil des Riemens windet sich um ein Rundholz, an dessen Ende der Holzblock steckt, aus dem ein guter Dreher bis zu fünf Schüsseln herausarbeiten konnte. Wird das Pedal getreten, was früher der Ehefrau oder einem der Kinder zukam, dreht sich der Holzblock in die eine Richtung, hört das Treten auf, dreht er sich, gezogen von der Eberesche, in die andere.

Früher standen solche Drehbänke (romantischerweise) im Schlafzimmer oder (sehr viel häufiger) in der Küche, dem einzigen Ort, der immer beheizt war. Da aber die niedrige Deckenhöhe von damals den Aufbau der raumgreifenden Konstruktion unmöglich machte, wurde der Boden unter der Drehbank 60 bis 70 Zentimeter ausgehoben, wodurch eine Koite entstand. Um 1900 gab es in Girkhausen noch etwa 80 solcher Drehkoiten, heute ist es nur noch eine, deren Drehbank aus dem Jahre 1531 stammt. Die Girkhäuser haben ein gemütliches Heimat- und Handwerksmuseum darumgebaut, in dem auch ein anständiger Tresen nicht fehlt, sodass die Drehkoite inzwischen regelmäßig als Dorftreffpunkt genutzt wird. Wenn sich in Girkhausen dann die Drehzahlen erhöhen, hat das möglicherweise weniger mit Holz zu tun.

Adresse In der Odeborn 4, 57319 Bad Berleburg, www.girkhausen.de | ÖPNV Bahn oder Bus R 27 bis Bad Berleburg, R 28 bis Haltestelle Girkhausen Jägerhof | Öffnungszeiten jeden ersten Sa im Monat (außer Dez.) ab 16 Uhr | Tipp Im Anschluss an die Vorführung lädt die Drehkoite zur gemütlichen Zusammenkunft mit Schnitzelspezialitäten vom Graberhof in Winterberg-Hoheleye ein (Vorbestellung unter info@drehkoite.de).

7 Die evangelische Kirche in Arfeld

Romanisch für Radfahrer

Die evangelische Kirche in Arfeld – als offizielle Radwegekirche – steht offen, zumindest von April bis Oktober, und wenn der Radler sie zum ersten Mal betritt, tut er es mit offenem Mund, was nicht in vielen Kirchen geschieht, besonders wenn sie evangelisch sind. Es ist der architektonische Geist einer längst vergangenen Zeit, den man sogleich spürt, sobald man die Schwelle überschritten hat. Betrachtet man die gedrungene Kirche beiläufig von außen, ahnt man zwar, dass sie Historisches beherbergt, vielleicht etwas Barock in dörflicher Spielart, rechnet aber nicht unbedingt mit einem massiven Steingewölbe aus der Spätromanik.

In ihren Grundfesten stammt die Kirche aus dem 13. Jahrhundert, womit sie stilistisch zwischen Romanik und Gotik liegt, was sich bereits an ihren leicht spitz zulaufenden Rundbögen erkennen lässt. Bei Renovierungsarbeiten 1959 wurden dazwischen, in den Gewölbescheitelpunkten, die ursprünglichen romanischen Deckenmalereien entdeckt, die seitdem wieder als strahlenförmige Sonnen das Kirchenschiff überwölben. Romanisch heißt vorreformatorisch: Vor Luther war die Kirche noch römisch-katholisch und Arfeld seit dem 9. Jahrhundert Sitz eines Unterdekanats im Erzbistum Mainz, dessen Einzugsgebiet etwas größer als der heutige Kreis Siegen-Wittgenstein war.

Die zwei Brände von Arfeld, 1616 und 1733, überlebte die Kirche mit Ach und Krach, besonders den schweren zweiten, dem der Glockenturm und das Kirchendach zum Opfer fielen. Zahlreiche Kollekten, unter anderem aus Amsterdam, sowie finanzielle Unterstützung von gräflicher Seite machten den Wiederaufbau der Kirche möglich, unter deren Südempore sich ein Kuriosum befindet: ein Abendmahlstisch mit integrierter Kollektenschublade und Münzeinwurfschlitz in der Tischplatte. Darauf liegt heute ein Anliegen- und Gästebuch, über dessen Nutzung sich die Kirche ebenso freut wie über eine Spende.

Adresse Am Kirchweg 2, 57319 Bad Berleburg-Arfeld | **ÖPNV** Bahn oder Bus R27 bis Bad Berleburg ZOB, R33 bis Haltestelle Arfeld Post | **Öffnungszeiten** April–Okt. 10–17 Uhr | **Tipp** Die Besichtigung der Kirche lässt sich gut kombinieren mit einem Besuch des Arfelder Schmiedemuseums (Ort 11) oder einer Wanderung auf dem Wittgensteiner Schieferpfad (Ort 13).

8 Die Fachwerkkapelle von Sassenhausen

Zimmermannskunst im Kleinformat

Sassenhausen liegt zwischen Bad Laasphe und Bad Berleburg und hat heute etwa 220 Einwohner. Da würde man nicht unbedingt auf die Idee kommen, eine Kirche zu bauen. Um 1700 hatte das Dörfchen 14 Häuser und damit wohl noch ein paar Einwohner weniger, dafür aber ein paar Kirchgänger mehr, und so beauftragte man den damals bekanntesten Wittgensteiner Zimmermann Johann Hermann (Mannus) Riedesel mit dem Bau einer Kapelle, die dann im Jahre 1705 errichtet wurde, wobei die Sassenhäuser fleißig mit Hand anlegten.

Mannus Riedesel baute damals im gesamten Umkreis Scheunen und Häuser, und seine Arbeiten waren so gut, dass er vom Berleburger Grafenhaus ebenso Aufträge erhielt wie von den Fürsten des angrenzenden Siegerlands. Seine beiden Meisterstücke sind heute noch in den beiden Wittgensteiner »Bädern« zu bestaunen: das Stoltz'sche Haus in Bad Laasphe (Königstraße 49) und die Ludwigsburg in Bad Berleburg (Ludwigsburgstraße 3–5). Im Vergleich mit diesen beiden Prachtexemplaren der Fachwerkskunst ist die Sassenhäuser Kapelle zwar nur ein Winzling, dafür aber ein besonders schöner.

Von außen wirkt der Bau zweistöckig, was aber nur insofern stimmt, als sich im Kirchraum noch eine dreiteilige Empore befindet, von der die Gottesdienstbesucher mittig und seitlich auf die Kanzel hinunterschauen können. Steht man unten vor der Kanzel und schaut von dort zur Empore hinauf, bemerkt man bei deren Mittelteil eine Neigung zum Eingang hin – ein Gefälle, bei dem der schiefe Turm von Pisa neidisch würde. An der Unterkante der Seitenemporen wird aufwendiges Schnitzwerk sichtbar, das sich auch im Außenbereich findet, wo Dämonen dem Betrachter die Zunge herausstrecken.

Beim Betreten der Kapelle stellt sich übrigens die Gottesfurcht nahezu von selbst ein, denn es gibt heute kaum einen Normalwüchsigen, der an der roten Eingangstür nicht demütig das Haupt beugt.

Adresse Kapellenstraße, 57319 Bad Berleburg-Sassenhausen | ÖPNV Bahn oder Bus R 27 bis Bad Berleburg, L 193 bis Sassenhausen | Öffnungszeiten Die Kapelle ist in der Regel geöffnet (die Tür klemmt etwas). | Tipp Wegen ihrer Lage empfiehlt sich ein Besuch der Kapelle als Zwischenetappe zwischen zwei Stadtbesichtigungen: Laasphe und Berleburg, wo dann auch die beiden größeren Geschwister des Fachwerkzwergs in Augenschein genommen werden können.

9 Die Goldeiche von Wemlighausen

Jedes Frühjahr ihrer Zeit voraus

Die meisten Bäume bekommen ihre goldfarbenen Blätter im Herbst, dann nämlich, wenn das Chlorophyll (von altgriechisch *chloros* = grün und *phyllon* = Blatt), also das Blattgrün, abgebaut wird und stattdessen andere Farbpigmente wie Rot oder eben Goldgelb zum Vorschein kommen. Die Goldeiche östlich von Wemlighausen, ein Vertreter aus der Sortenvielfalt unserer heimischen Stieleiche (*Quercus robur*), wartet mit ihrer leuchtenden Farbe nicht erst bis zum Herbst, sondern geht im Frühjahr lieber sofort mit goldenen Blättern an den Start. Dabei ist sowohl die Dauer dieser Goldfärbung als auch ihre Intensität von Jahr zu Jahr unterschiedlich, sodass der verspätete Besucher durchaus Pech haben kann und die Goldeiche zu vorgerückter Jahreszeit dann »nur« noch in hellgrünem Zustand bewundern kann.

Was die Eiche regelmäßig zu ihrer verfrühten Goldpracht veranlasst, ist bis heute nicht wirklich geklärt. Zwar wird angenommen, dass es sich bei der Wemlighauser Stieleiche um eine Mutation handelt, wobei die jährlich variierende Ausprägung ihrer Goldfärbung durch die unterschiedliche Versorgung des Baums mit Spurenelementen und Klimaschwankungen erklärt wird. Doch: Nichts Genaues weiß man nicht. Und auch eifrige Versuche, den speziellen Frühlingsfarbton dieses Sonderlings durch Eicheln, Stecklinge und Pfropfmaßnahmen zu vermehren, blieben bislang nahezu erfolglos, sodass *Quercus robus Wemlighausen* mit gutem Recht als einzigartig bezeichnet werden kann.

Auch ohne ihre unnachahmliche Färbung ist die Goldeiche eine imposante Erscheinung, mit geschätzten 22 Meter Höhe und 25 Meter Kronenbreite. Ihr gemessener Stammumfang von 3,60 Meter lässt auf ein Alter von 250 bis 300 Jahren schließen. Das ist natürlich nicht viel, verglichen mit der sehr viel betagteren Bärenwaldeiche von Niederholzklau (Ort 35), auf deren güldenes Blattwerk man dafür aber auch bis zum Herbst warten muss.

Adresse Im Rüsselsbach, 57319 Bad Berleburg-Wemlighausen (Parken an der Landstraße) | **ÖPNV** Bahn oder Bus R27 bis Bad Berleburg, R28 bis Wemlighausen Heiderbrücke, danach zu Fuß Richtung Wunderthausen | **Tipp** Oberhalb der Goldeiche befindet sich im einsamen Tal der verlassene Hof Rüsselsbach, der 2008 als Filmset für den düsteren Krimi »Tannöd« diente.

10 Das Schieferschaubergwerk

Steinespalten unter Tage

Schiefer ist das Material, das zahllosen Fachwerkhäusern in Siegen und Wittgenstein ihr Gesicht verleiht. Er schützt vor Wind, Wetter und Brand, ist lange haltbar und sieht dazu noch gut aus – jedenfalls dann, wenn er echt ist. Ab 1860 kam ein großer Teil des Naturschiefers aus dem Umkreis von Raumland, denn eine Ministerialverordnung hatte verfügt, dass Dächer der Sicherheit halber nicht mehr mit Stroh gedeckt werden durften. Dies führte zu einem kleinen Schiefer-Boom, der rund 450 Männern zu Brot und Lohn verhalf, die in zehn Gruben in und um Raumland ihrer Arbeit nachgingen. Das war allerdings kein Spaziergang, wie die harmlose Formulierung nahelegen könnte. Die Arbeit unter Tage – und das heißt im Klartext: den ganzen Tag ohne Sonnenlicht – war in Wirklichkeit eine echte Klopperei, bei der tonnenweise Rohmaterial aus dem Berg herausgehauen, in Loren gehievt und durch die Stollen geschoben wurde, was vor Beginn der Industrialisierung selbstverständlich alles noch ohne Strom und ohne die Hilfe von Maschinen geschah.

Eine der Raumländer Gruben ist die Grube Delle, in der bis 1923 Dachschiefer abgebaut wurde und wo sich heute das Schieferschaubergwerk befindet, welches seit 1983 all die schieferdunklen Seiten der Schinderei von damals vor Augen führt. Und zwar besonders eindrücklich, denn in der Grube Dell kann der interessierte Besucher am steinernen Objekt das Steinespalten, Plattenschneiden und Nagellochhauen üben und damit ermessen, wie viel Aufwand und Fingerspitzengefühl nötig sind, bevor die Schieferplatten endlich nett und adrett auf dem Dach liegen.

Eine Besonderheit der Grube Dell ist, dass man die historische Räumlichkeit auch als Location für Trauungen, Geburtstage oder andere Anlässe buchen kann. Romantische Candle-Light-Dinner bekommen bei 5 bis 8 °C noch mal eine ganz eigene Note.

Adresse Im Edertal, 57319 Bad Berleburg-Raumland, Tel. 0160/3510221, www.schieferschaubergwerk.de | **ÖPNV** Bahn nach Raumland-Markhausen oder Bus R27 bis Raumland Ederbrücke | **Öffnungszeiten** April–Okt. Sa 14 und 15 Uhr, während der Sommer- und Herbstferien in NRW auch Mi 15 Uhr; Gruppen nach Vereinbarung | **Tipp** Schön für Familien: die Ostereiersuche am Sa vor Ostern, bei der auch Stockbrot gegrillt wird.

11 Das Schmiedemuseum in Arfeld

Dorfzentrale mit Bachanschluss

Arfeld zählt zu den ältesten Ortschaften in Südwestfalen, denn bereits am 25. Juli 800 ist schriftlich zum ersten Mal von *arahafelt* die Rede, das heute mit seinen etwa 840 Einwohnern eher als Dorf anzusprechen ist, im frühen Mittelalter aber schon dadurch eine gewisse Größe besaß, dass das Erzbistum Mainz hier den Sitz eines seiner Archidiakonate hatte. Etwas von der einstigen Zentrifugalkraft scheint im Ort noch heute wirksam zu sein, denn die Arfelder sind ein ausgesprochen umtriebiges und gastfreudiges Völkchen, mit einer aktiven, gestaltungsfreudigen Dorfgemeinschaft und: einer eigenen Schmiede.

Die Schmiede hat sich inzwischen zu einem Mittelpunkt mit besonderer Ausstrahlung entwickelt. Mitte des 19. Jahrhunderts erbaut und seit 1907 per Transmissionsseil und Wasserrad mit dem Bach verbunden, ist sie zwar nicht allzu betagt, war aber, nachdem 1970 der Schmiede- und Wagnereibetrieb eingestellt wurde, irgendwann dann doch renovierungsbedürftig. Also packten die tatkräftigen Arfelder tüchtig an und verwandelten das Gebäude in ein gemütliches kleines Museum. Heute werden in dem Haus an der Arfe Besucher empfangen, Feste gefeiert, Vorträge gehalten, Paare getraut und – inzwischen wieder – jede Menge heiße Eisen geschmiedet.

Einmal im Jahr läuft Arfeld zur Höchstform auf, wenn sich am Samstag vor dem zweiten Advent das Gemäuer des Schmiedemuseums mit dorfgemachtem Backwerk füllt und sich in den verwinkelten Gässchen zu seinen Füßen Häuser, Scheunen und Fachwerkbüdchen für den Weihnachtsmarkt öffnen. Die Heilige Familie ist persönlich zugegen, samt Schafen, Ochs und Esel, Nikolaus kommt per Kutsche angereist und verteilt Stutenmänner an die Kinder, während sich Frau Holle das ganze Spektakel aus sicherer Distanz vom Giebelfenster aus ansieht, wobei sie nicht vergisst, die Betten auszuschütteln. In Arfeld gibt es eben immer etwas zu tun …

Adresse Arfetalstraße 13, 57319 Bad Berleburg-Arfeld, Tel. 02755/767, www.heimatverein-arfeld.de | ÖPNV Bahn oder Bus R27 bis Bad Berleburg, R33 bis Arfeld Post | Öffnungszeiten April–Okt. jeden 1. und 3. Sa im Monat 10–12 Uhr, für Gruppen nach Vereinbarung | Tipp In der Regel ist zu den Öffnungszeiten ein »echter« Schmied anwesend, unter dessen Anleitung Kinder ihre eigenen Nägel schmieden können. Hufeisenschmieden: beim jährlichen Schmiedefest.

12 Die Wisent-Wildnis

Wittgensteiner Waldgiganten

Eigentlich ist dieser »König des Waldes« in seinem einstigen Herrschaftsbereich längst ausgestorben. Auf dem Gebiet des heutigen Deutschland sah man den größten Landsäuger Europas zum letzten Mal gegen Ende des Mittelalters, zwischen dem 14. und 16. Jahrhundert. In Ostpreußen hielt sich eine tapfere Schar des Urviechs bis ins 18. Jahrhundert – im Jahre 1755 fiel das letzte frei lebende Exemplar der Gewehrkugel eines Wilderers zum Opfer.

Dass der Wisent im Rothaargebirge nun wieder heimisch ist, verdankt sich der Initiative von Richard Prinz zu Sayn-Wittgenstein-Berleburg, der die Wiederansiedlung in seinen Wäldern ermöglichte. Am 24. März 2010 traf Bulle Egnar ein, bis dahin wohnhaft im Wildgehege Hardehausen bei Warburg, dem sich weitere Tiere zugesellten, um auf umzäuntem Areal solide auf ein Leben in Freiheit vorbereitet zu werden. Seit dem 11. April 2013 streift die inzwischen 20-köpfige Herde munter durch das Rothaargebirge, wo man sie auf ihren 4.300 Hektar Lebensraum allerdings nur schwer zu Gesicht bekommt.

Leichter erspähen kann man eine Zweitherde in der benachbarten Wisent-Wildnis zwischen Wingeshausen und Schmallenberg. Auf diesem »nur« 20 Hektar großen Gelände halten sich die Wisente in unmittelbarer Nähe zu einem circa drei Kilometer langen Erlebnispfad auf. Und weil dieses Areal mit seinen rustikalen Auf- und Abstiegen nun mal kein Zoo ist, wird für seinen Besuch festes Schuhwerk empfohlen. Wer nicht gut zu Fuß ist und/oder die etwa zweistündige Wildnis-Wanderung scheut, kann alternativ einen befestigten Wirtschaftswanderweg benutzen. Auch bei eingeschränkter Sicht ins Gelände ist es ein Erlebnis, die imposanten Vegetarier bei der Nahrungsaufnahme zu beobachten, die selten unterhalb einer täglichen Ration von 30 Kilo Gras, Laub, Wurzeln oder Rinde liegt. Irgendwo müssen die bis zu 1.000 Kilogramm Körpergewicht ja herkommen!

Adresse Weidiger Weg 100, 57319 Bad Berleburg-Wingeshausen, Tel. 02751/9205535, www.wisent-welt.de | **ÖPNV** Bahn nach Aue-Wingeshausen oder Bus R27 bis Bad Berleburg und L196 bis Aue Abzw. Wingeshausen, danach zu Fuß (noch 8,5 Kilometer!) | **Öffnungszeiten** Winter: Di–So 10–15 Uhr, Sommer: Di–So 10–17 Uhr | **Tipp** Zwar sind die Wisente nicht allzu scheu, halten sich aber nicht immer in der Nähe ihres Publikums auf, weshalb beim Besuch ein Fernglas ratsam ist.

13 Der Wittgensteiner Schieferpfad

Kraxelweg in Edernähe

Genau das Richtige für Menschen, die breite Wanderwege langweilig finden und sich lieber an gewundenen Nebenstrecken mit ordentlichen Höhenunterschieden abrackern! Der 14,2 Kilometer lange Wittgensteiner Schieferpfad beginnt idyllisch hinter Raumland, wo die Eder in weitem Tal Richtung Arfeld fließt, führt über knorrige Wurzelwege vorbei an beeindruckenden Felsformationen und Schiefersteinbrüchen und bietet gegen Ende ein herrliches Stadtpanorama von Bad Berleburg, bevor er nach knapp fünf Stunden Wanderzeit wieder zum Ausgangspunkt zurückführt.

Markante Stellen gibt es viele, unter denen drei hervorzuheben wären: Gleich zu Beginn führt die Strecke durch einen kleinen Tunnel, der nach niederschlagsreichen Wetterperioden gern mal von einem kleinen Bächlein durchspült wird, was mitunter breitbeiniges Marschieren nötig macht. Danach steht man dann überrascht direkt an der Eder, deren Rauschen man sich auf einer perfekt positionierten Bank etwas genauer anhören sollte. Stiller geht es im Gesteinsbrockenlabyrinth rund um die Felsformation »Braut und Bräutigam« zu, wo sich ebenfalls eine Bank (mit Namen »Ehrfurcht«) befindet, die wegen der schroffen Umgebung allerdings weniger zum Sitzen als zum Weiterlaufen einlädt. Als Drittes zu nennen wäre der große Tagebruch in der Nähe des Wächtersteins, dessen schräg geschichtete Abbruchkanten ebenso wie die benachbarten hohen Halden noch an die Zeiten erinnern, als bei Raumland in großem Maße Schiefer abgebaut wurde.

Warum ausgerechnet Fledermäuse den Pfad markieren, erklärt sich erst, wenn er schon fast vorbei ist: Die alten Bergwerkstollen der Grube Hörre dienen zahlreichen Fledermausarten als Schwärm- und Winterquartier, und die komfortablen Höhlenräumlichkeiten werden inzwischen von neun Arten derart geschätzt, dass flederseits eine Anreise von mehr als 100 Kilometern in Kauf genommen wird.

Adresse Parkplatz an der Ederbrücke, Raumländer Straße, 57319 Bad Berleburg-Raumland | **ÖPNV** Bahn nach Raumland-Markhausen oder Bus R 27 bis Raumland Ederbrücke, dann zu Fuß an der Eder entlang bis zur 2. Brücke | **Tipp** Wer schon morgens losläuft und am Wochenende unterwegs ist, sollte an seine Wanderung unbedingt noch einen Besuch im Schieferschaubergwerk hängen (Ort 10), das sich nur 200 Meter oberhalb vom Start- und Zielparkplatz befindet.

14 Das Bierwegelchen

Dies' Wandern ist des Mannes Lust

Der vermutlich kürzeste Wanderweg im Kreis Siegen-Wittgenstein hat den Vorteil, dass er zum einen nicht besonders viel Kondition verlangt und zum anderen auch in leicht angeheitertem Zustand bewältigt werden kann – also genau das Richtige für das starke Geschlecht.

Der Weg beginnt am Haus des Gastes, macht einen kleinen Schlenker durch den städtischen Kräutergarten, führt über die Eisenbahngleise und die noch trödelnd dahinplätschernde Lahn, bevor er sich nach links hinauf Richtung Kurpark wendet, wobei dieser Anstieg auch locker in Begleitung eines Bollerwagens zu meistern ist, was bereits erste Vatertagsphantasien hervorrufen mag. Oben angekommen, bietet sich vom Ehrenmal ein hübscher Ausblick auf das Städtchen und sein alles überragendes Schloss, weshalb sich eine ausgiebige (Trink-)Pause vor dem strapaziösen Abstieg empfiehlt.

Gesäumt wird das Bierwegelchen von Informationstafeln, auf denen die Brauerei Bosch, bereits seit 1705 in Laasphe ansässig, Einblicke in die Herstellung des mitgeführten Reiseproviants gibt, der sich im Laufe der Jahrhunderte vom klebrigen Getreidebrei mit berauschender Wirkung zum geschmackvollen Hopfengetränk mauserte. Bei den alten Laasphern schmeckte das Getränk durch die Verfeinerung mit Malz, das über Buchenholz geröstet wurde, leicht rauchig, und so entsprach es wohl geschmacklich etwa dem, was die Brauerei Bosch heute noch als Braunbier anbietet.

Nach dem Abstieg mündet das Wegelchen zunächst am Haus des Gastes, in dessen Museum der Wanderer vor seinem triumphalen Einzug in Laasphes Altstadt die Möglichkeit hat, sich über die Welt der Pilze (statt des Pils) zu belehren (Ort 17). Möglich wäre aber auch ein Abstecher ins Residenz-Kino gleich um die Ecke, ein hübsches kleines Lichtspielhaus mit Vorführsaal im Stil der 1950er Jahre. Danach ist das Gasthaus-Finale dann aber wirklich unausweichlich …

Adresse Haus des Gastes, Wilhelmsplatz 3, 57334 Bad Laasphe | **ÖPNV** Bahn nach Bad Laasphe oder Bus SB 5 bis Bad Laasphe Wilhelmsplatz | **Tipp** Als Wegzehrung empfiehlt sich natürlich Kühles von Bosch. Besonders die Propeller-Biere »Aufwind« und »Nachtflug« lassen das Wegelchen in Windeseile zur Slalomstrecke werden.

15_Druckerei Ernst Schmidt

Familienbetrieb im Stillstand der Zeiten

Das Besondere an diesem Museum ist, dass es eigentlich gar keins ist. Bis 2004 liefen hier noch die Maschinen, wenn auch nicht mehr auf Hochtouren, dafür aber so, wie sie es seit vielen Jahrzehnten zuverlässig taten, unverwüstliche Druck-Veteranen aus schwerem Gusseisen, die bei jedem, der die Räumlichkeit mit ihren hochbetagten Pressen, Stehpulten und Setzkästen zum ersten Mal betritt, ungläubiges Staunen auslösen.

Gegründet wurde das Traditionsunternehmen 1861 von Ernst Schmidt I., und die älteste Maschine der Druckerei, ein wuchtiger Victoria-Tiegel vom Ende des 19. Jahrhunderts, funktioniert noch heute genauso tadellos wie der eher zierliche, aber immer noch gewichtige Boston-Handtiegel, mit dem Martin Schmidt, Sohn von Ernst III., Jahr für Jahr zur Kreistierschau ausrückte, um beim berühmten Stünzelfest die Gewinnlisten für die Lotterie zu drucken. Das meiste wurde natürlich im Hause gedruckt, etwa die »Wittgensteiner Zeitung«, die erste Tageszeitung im Kreis, die zwar schon 1943 eingestellt wurde, deren vollständiges Archiv jedoch noch heute im Keller der Druckerei lagert.

Nach dem Tod von Martin Schmidt im Jahre 1995 übernahm Sohn Ernst Harald Schmidt den Betrieb und sorgte mit umfangreichen Restaurierungsmaßnahmen dafür, dass im Erdgeschoss noch immer alles so aussieht, als sei die Belegschaft, die in Spitzenzeiten bis zu 25 Mitarbeitern zählte, nur mal gerade in der Mittagspause. Ernst IV. ist es auch zu verdanken, dass die Erbstücke nicht nur gefällig glänzen, sondern nach wie vor in der Lage sind, zu zeigen, was in ihnen steckt. Dazu gehört auch ein Exemplar des legendären »Original Heidelberger Tiegels« aus dem Jahre 1934, eine der ersten und schnellsten vollautomatischen Tiegeldruckpressen der Welt. Wie gesagt, dies ist kein Museum, sondern eine voll funktionstüchtige Druckerei, die man mit Fug und Recht als historisch bezeichnen darf.

Adresse Bahnhofstraße 41, 57334 Bad Laasphe, Tel. 02752/1525 | ÖPNV Bahn oder Bus SB 5 bis Bad Laasphe Wilhelmsplatz | Öffnungszeiten nach Vereinbarung | Tipp Im gleichen Gebäude befindet sich ein schrulliges Museum mit Folterwerkzeugen und Alltagsgegenständen aus dem 13. bis 18. Jahrhundert (www.hexenwahn-laasphe.aspritos.de). Besonders sehenswert: ein Einbaumschrank aus dem 13./14. Jahrhundert, einer der ältesten Schränke Deutschlands, sowie der einzige bekannte Bartmannskrug aus Leder (16. Jahrhundert).

16 Die Ilsequelle

Rechtsdrehendes Heilwasser zum Selberholen

Unter den zahlreichen Quellen im Kreis Siegen-Wittgenstein – darunter Eder, Lahn und Sieg – ist jene der Ilse ein Publikumsmagnet. Bis in Europa der Dreißigjährige Krieg sowie die Pest ausbrachen und die Quelle in Vergessenheit geriet, pilgerten Menschen jahrhundertelang zu diesem »heiligen Born«, von dessen Wasser sich die zugereisten »Presshaften«, also die Gebrechlichen, Linderung versprachen. Und das geschah nicht nur vereinzelt aus dem näheren Umkreis, sondern überregional in solchen Menschenmengen, dass die Verköstigung und Unterbringung der Pilger in den benachbarten Grafschaften Siegen und Dillenburg bald zu einer beträchtlichen Einnahmequelle wurden.

Um eine Vorstellung davon zu bekommen, wie lebhaft es noch im 17. Jahrhundert an der Ilsequelle zugegangen sein muss, genügt es, sich das Almosenverzeichnis aus dem Jahre 1622 anzuschauen, das für den Zeitraum von zehn Wochen die erstaunliche Höhe von umgerechnet 22.000 Euro an Spenden registriert, die dem Erhalt der Heilquelle sowie der Unterstützung bedürftiger Gemeinden und Kirchen zugutekamen. Deponiert wurden die Almosen in einem Kästchen, das sich unter der viereckigen Öffnung im großen Stein befand, mit dem der heilige Brunnen damals abgedeckt wurde. Im 19. Jahrhundert wurde der Stein nach Laaspherhütte verschleppt, seit einigen Jahren befindet er sich als Quelleinfassung wieder an Ort und Stelle.

Das Wasser, das munter aus dem Nordwesthang des Berges mit dem eigentümlichen Namen Kompass hervorsprudelt, unterscheidet sich erheblich von normalem Trinkwasser. Durch elektromagnetische Polarisation, so heißt es, werden die sechs Reaktionslinien des Ilsewassers durchgängig rechtsdrehend positiv und damit gesundheitszuträglich polarisiert statt, wie üblich, abwechselnd rechts und links, womit sich die Wallfahrt nach Lourdes erübrigt, wo sich das Wasser ähnlich vorteilhaft dreht.

Adresse Zwischen Netphen und Feudingen, oberhalb von Heiligenborn 6, 57334 Bad-Laasphe | ÖPNV Bus SB 5 bis Siegquelle plus sieben Kilometer Fußmarsch) bzw. Bahn nach Feudingen oder Bus SB 5 bis Feudingen Ortsmitte (plus acht Kilometer Fußmarsch) | Tipp Empfehlenswert für Familien mit Kindern: der Naturerlebnispfad »Kleiner Rothaar«, der rund um die Ilsequelle führt; für kinderlose Wanderer: das malerische Ilsetal zwischen Ilsequelle und Feudingen.

17 Das Pilzkundemuseum

Artenvielfalt im Rampenlicht

Wer es leid ist, im Herbst die Wälder nach immer den gleichen Maronenröhrlingen und Steinpilzen zu durchforsten, der begibt sich vor seinem nächsten Beutezug zur Erweiterung seines mykologischen Horizonts am besten ins Laaspher Haus des Gastes, wo sich gleich über der Stadtbücherei das kleine, aber ungemein arten- und lehrreiche Pilzkundemuseum befindet.

Dank Heinrich Lücke, dem Museumsgründer, und Dr. Markus Hallermeier, der es verstand, Pilze durch Gefriertrocknung so lebendig wie in freier Wildbahn aussehen zu lassen, gibt es hier seit 1987 eine umfangreiche Sammlung mitteleuropäischer Pilze, deren Schönheit sich vor den staunenden Augen des Betrachters eindrucksvoll entfaltet. In Laasphe werden die schönsten Vertreter der Pilzwelt in standesgemäßen Einzelkabinen illuminiert, in denen das Spotlicht kleiner LED-Lämpchen die erstaunliche Struktur der filigranen Exponate wirkungsvoller zur Geltung bringt, als es die besten Fotos in Pilzbestimmungsbüchern vermögen. Viele der ausgestellten Naturschönheiten sieht man in Laasphes Pilzkundemuseum zum ersten Mal, denn wo begegnet man sonst schon dem Striegeligen Kreiselpilz, dem Verwachsenen Duftstacheling, der Täuschenden Erdzunge oder der Warzigen Hirschtrüffel?

Über 900 Arten sind auf 200 Quadratmetern vertreten, und wer wissen will, welche man sammelt und von welchen man besser die Finger lässt, der wird bei einem der regelmäßig stattfindenden Seminare aufgeklärt. Solche Schulungen können Leben retten, das der Pilze (von denen viele Arten selten geworden sind) ebenso wie das der Sammler. Feinschmecker, die unsicher sind, ob sich unter ihre neu entdeckten Speisepilze nicht doch etwas Unverdauliches oder Tödliches gemogelt hat, können während der Öffnungszeiten kostenlos die Meinung von Museumsleiter Volker Walther einholen – und nach der Zustimmung (oder Auslese) des Experten den heimischen Herd sehr viel beruhigter anschmeißen.

Adresse Wilhelmsplatz 3, 57334 Bad Laasphe, Tel. 02752/898 oder 200038, www.pilzmuseum.de | **ÖPNV** Bahn nach Bad Laasphe oder Bus SB 5 bis Bad Laasphe Wilhelmsplatz | **Öffnungszeiten** Mi–Fr 13.30–17.30 Uhr, Sa 12–16 Uhr; Besichtigung nach Absprache auch mit Führung und außerhalb der Öffnungszeiten möglich | **Tipp** Überregional bekannt ist das Restaurant »Glashütte« in Volkholz, wo man auch Pilze auf die Gabel bekommt (www.jagdhaus-glashuette.de).

18 Das Radiomuseum

Good Vibrations über Röhren

Hier kommen nicht nur Technik-Freaks auf ihre Kosten, die beim ehrfurchtheischenden Anblick der circa 1.100 Geräte große Augen – und Ohren – bekommen. Das Schöne an Hans Neckers internationalem Radiomuseum ist, dass sich an den ausgestellten Prachtstücken aus aller Welt auch die unterschiedlichen Moden und Vorlieben der zurückliegenden Jahrzehnte ablesen lassen, sodass man diesen Ort auch als Designmuseum bezeichnen könnte. Vom gediegenen Holzmöbel der Frühzeit über den kompakten Bakelit-Kasten der 1930er Jahre bis hin zum bunt glitzernden Plastik-Trash der Gegenwart (»Radio Kurios«) ist so ziemlich alles versammelt, was jemals Töne von sich gegeben hat – Hauptsache, das Ding hat Röhren.

Von Transistorradios hält Hans Necker nicht allzu viel, dem es ein Vergnügen ist, interessierte Besucher durch seine Sammlung zu führen. Durch Neckers kurzweilige, amüsante Geschichten, die er gern mit spitzen Kommentaren zu Mensch und Maschine würzt, werden die stummen Exponate zu sprechenden Zeugen der Vergangenheit. Dabei tönt es im Museum auch auf andere Art und Weise: Bei Bedarf singt Conny Froboess »Zwei kleine Italiener«, die sich in der Jukebox mit Namen »Serenade« versteckt halten, und nach Einwurf von 20 Cent mischt die Affenbande von »Bimbo Baby« die heiligen Hallen der Funkgeschichte mit rassigen Rumbaklängen auf. Zudem verfügt das Museum über einen eigenen Musiksender unterm Dach, der über Mittelwellen die umliegenden Haushalte mit guter Laune versorgt.

Technik-Freaks können ihren Wissensdurst in einer umfangreichen, herrlich altmodischen Bibliothek stillen, die auch so zum Verweilen einlädt. Design-Fans werden besonders an einem anderen Raum Freude haben, der mit Original-Möbeln der 1950er Jahre bestückt ist. Besonders spektakulär: die damals 2.995 DM teure Radio-Phono-Fernseh-Kombination der Firma Kuba-Imperial von 1958, Typ »Komet«.

Adresse Bahnhofstraße 33, 57334 Bad Laasphe, Tel. 02752/9798 | ÖPNV Bahn nach Bad Laasphe oder Bus SB 5 bis Bad Laasphe Wilhelmsplatz | Öffnungszeiten Mo, Mi, Fr 14.30–17 Uhr, für Gruppen nach telefonischer Vereinbarung auch am Wochenende | Tipp Zweimal im Jahr findet im Museum die Radiobörse statt, die auch für Schallplattensammler interessant ist. Termine: www.stadt-badlaasphe.de.

19_Der Sarg der Gräfin

Bestattungskunst im Schulkeller

Um ein Haar wäre das Prachtstück auf dem Schrott gelandet, hätte nicht der wachsame Heimatforscher Gerhard Seib entschlossen die Initiative ergriffen. Als man 1948 die Fürstengruft im Anbau der Laaspher Stadtkirche zugunsten einer neuen Heizungsanlage räumte, blieb den gräflichen Särgen nichts anderes übrig, als umzuziehen. Die Holzkisten, in denen die sterblichen Überreste derer zu Sayn-Wittgenstein-Hohenstein ruhten, wurden auf dem Familienfriedhof des Schlosses beigesetzt, einige der kunstvoll bemalten Außensärge wanderten indessen auf den Dachboden der Reithalle, wo man sie zuerst vergaß und dann zu entsorgen wünschte.

Nach ihrer Errettung vom Schrottplatz gelangten die Kupfersärge der Gräfin Elisabeth Charlotte und ihrer Eltern nach einem kurzen Abstecher ins Siegerlandmuseum im Oberen Schloss von Siegen endlich ins Heimatmuseum Feudingen, wo sie nun im Untergeschoss des alten Schulgebäudes bestaunt werden können, als Dauerleihgabe von Prinz Botho. Dabei springt vor allem der Sarg der Elisabeth Charlotte ins Auge, deren fein gearbeitetes Porträt (vermutlich aus der Werkstatt des niederländischen Hofmalers Jan Mytens) das obere Drittel der Decke ziert und bereits auf die denkwürdigen Umstände ihres Todes hinweist.

Dass sie als gerade einmal 17-Jährige der Tod ereilte, ist der Bildunterschrift zu entnehmen, dass die Trauer über das Dahinscheiden der Tugendhaften beträchtlich gewesen ist, dem angefügten Sonett. Dass die gottselige Gräfin jedoch nach einer frommen Erscheinung den Zeitpunkt ihres Todes voraussagte, zeigt das Porträt selbst, auf dem sie vor ihrem jugendlich-üppigen Dekolleté ein Stundenglas in die Höhe hält, welches mit einem Totenschädel bedeckt ist. Der Sage nach ist beim Tod der Gräfin (sie wurde im Winter vom Huf ihres Schlittenpferdes erschlagen) sogar die Uhr eines Mitreisenden stehen geblieben. Hierüber schweigt sich der Sarg allerdings aus.

Adresse Heimatmuseum Feudingen, Schulweg 7, 57334 Bad Laasphe, Tel. 02754/8280, www.heimatmuseum-feudingen.de | ÖPNV Bahn nach Feudingen oder Bus SB 5 bis Feudingen Ortsmitte | Öffnungszeiten jeden ersten So im Monat 14–17 Uhr | Tipp In der urigen Kaffeestube des Museums unbedingt Waffeln essen! Wer gerade in Bad Laasphe weilt, kann sich den »Schwarzen Stein« auf dem Parkplatz der ehemaligen Schlossbergklinik anschauen (Am Dillstein), wo sich das Unglück der Gräfin 1663 ereignete.

20 Die Teufelskanzel

Abflugrampe für Höllenflüge

Die bizarre Felsenklippe wirkt, als sei der Leibhaftige bei seiner Predigt von einem heftigen Wutanfall übermannt worden. Die Resultate seines Bebens liegen heute noch wild, unaufgeräumt und inzwischen moosüberzogen zwischen Eichen und Buchen verstreut, oberhalb von Laasphe und unterhalb des gegenüber hoch aufragenden Schlosses derer von Sayn-Wittgenstein-Hohenstein.

Wer das hübsche Höllen-Ensemble besuchen möchte, von dem aus sich der Sage nach die Hexenbelegschaft auf Flugexkursionen begab (etwa zu den beiden Teufelslücken am Schlossberg), tut dies am besten über den Mythen- und Sagenweg, der über einen weiten Bogen, vorbei an allerlei gestapelten Baumstämmen, in die hohen Wälder über der Stadt führt, wo es überall herrlich nach Forstarbeit duftet und mit zunehmender Höhe immer stiller und einsamer wird. Die Teufelskanzel bildet den Abschluss einer etwa dreistündigen Wanderung durch märchenhaft anmutendes Sternmoos, offene Ginsterwiesen, rauschende Misch- und Buchenwälder, bei der sich Interessierte auf neun großen Tafeln am Wegesrand eingehend über die Schauergeschichten informieren können, die man sich in früheren Zeiten geheimnisvoll zuraunte.

So lernt man etwa die etwas unheimliche Gräfin Elisabeth Charlotte kennen (siehe Ort 19), die sowohl ihr frühes Ableben als auch das zeitgleiche Stehenbleiben einer Taschenuhr voraussagte. Oder den frisch gehängten Räuberhauptmann Friedrich Braun, der durch einen seltsamen Zufall noch vom Galgen aus in der Lage war, Mitreisewünsche zu äußern.

Wer für den knapp zwölf Kilometer langen Mythen- und Sagenweg nicht die erforderliche Kondition oder Märchenbegeisterung mitbringt, erreicht die Teufelskanzel ganz leicht, indem er sich an der Gabelstelle des Wanderwegs nicht links hält, wo sodann von hoch droben das Schloss seine Schritte verfolgt, sondern sich direkt nach rechts begibt.

Adresse Beginn des Mythen- und Sagenweges am Haus des Gastes, Wilhelmsplatz 3, 57334 Bad Laasphe; für Faule beginnt der Aufstieg gleich hinter der Lahnklinik am Ende der Sebastian-Kneipp-Straße | **ÖPNV** Bahn nach Bad Laasphe oder Bus SB 5 bis Bad Laasphe Wilhelmsplatz | **Tipp** Gut bei Hunger: ein Besuch der Berghütte zur Teufelskanzel mit zünftigen Almgerichten. Minigolfplatz vorhanden!

21 Der Weidelbacher Weiher

Seerosenidyll aus Menschenhand

Nicht alles Schöne stammt von Mutter Natur – aber doch ziemlich viel. Das trifft auch auf den Weidelbacher Weiher zu, ein abgeschiedenes Kleinod im Wald zwischen Feudingen und Heiligenborn, das, von Grün ummantelt und von dichten Seerosenteppichen bedeckt, in holdem Dornröschenschlaf vor sich hin schlummert. Ein paar vereinzelte Enten, die mit ihrem Nachwuchs still durchs Wasser ziehen, stören die Ruhe nicht, selbst wenn sie schnattern.

So natürlich der Weiher wirkt, so sicher ist er doch von Menschenhand geschaffen – Ergebnis von Notstandsarbeiten zu Beginn der 1930er Jahre. Damals herrschte im Deutschen Reich Massenarbeitslosigkeit, die 1932/33 mit fünf bis sechs Millionen ihren Höhepunkt erreichte, was einer horrenden Quote von 35 Prozent entspricht. Im Wittgensteiner Land war es nicht besser, weshalb Arbeitslose im Gebiet der Weidelbach für den Ausbau der Hauptwirtschaftswege eingesetzt wurden, bezahlt von der fürstlichen Forstverwaltung und bezuschusst vom Arbeitsamt. So entstand neben dem Weidelbachweg auch der Weiher, der 1934 fertig gewesen sein dürfte.

Eng verbunden mit der Weidelbach ist der damalige Leiter der Oberförsterei Feudingen, Dr. Franz Fischer, dem diese Ecke so gut gefiel, dass er bereits Anfang der 1920er Jahre oberhalb des heutigen Weihers eine Jagdhütte mit dem Namen »Weidmannsruhe« errichten ließ, ein stattliches Blockhaus mit Bruchsteinsockel, das der Forstmeister mit der Pferdekutsche anfuhr. Darin befand sich lange Zeit auch ein Hüttenbuch, in dem sich für den 15. Juli 1934 der aufsehenerregende Eintrag findet: »Ente heute auf dem Weiher gesehen! Hurra!« So einfach war es damals noch, sich zu freuen. Wer es ähnlich einfach mag, sollte den Weiher bei einer Wanderung unbedingt ansteuern. Nur steht bedauerlicherweise die Jagdhütte nicht mehr, in der man seine Begeisterung schriftlich niederlegen könnte.

Adresse Parken an der schmalen Straße zwischen Heiligenborn und Feudingen, unterhalb der Abzweigung nach Banfe, in Nähe der Holzbrücke über die Ilse; dort aufwärts, der Beschilderung folgen | ÖPNV Bahn nach Feudingen oder Bus SB 5 bis Feudingen Ortsmitte (+ fünf Kilometer Fußmarsch) | Tipp Der Weiher empfiehlt sich als Abstecher bei einer Wanderung durchs Ilsetal von Feudingen bis zur Ilsequelle (Ort 16), vor allem im Spätsommer, wenn die Seerosen in voller Blüte stehen.

22 Der Große Stein

Des Riesen Halde im Walde

Oberhalb von Holzhausen im Hickengrund liegt der Ort, dessen Name die Vorstellung eines besonders voluminösen Felsens hervorruft. Einen solchen sucht man dort aber vergebens. Sicher, zwischen den Bäumen liegen ungewöhnlich viele Felsbrocken herum, viele davon moosbedeckt, doch kein einziger davon verdient den Namen »Großer Stein«. Begibt man sich jedoch zu einem der knorrigen alten Bäume, hinter denen es verdächtig hell wird, stellt man plötzlich fest, dass man sich auf einem riesigen Berg von Felsbrocken befindet, die in ihrer Anhäufung wie ein einziger großer, wenn auch gebrochener Stein wirken. Wer hier hinabkraxeln will, riskiert, sich die Hachsen zu brechen, sodass Wetten, wer als Erster unten ist, besser vermieden werden.

Schuld am Berg ist natürlich ein Riese, in diesem Falle Wackebold, der einst vom hohen Wald aus die Talbewohner mit wild umhergeschleuderten Steinen tyrannisierte. Hans Hick und seine sieben Söhne, die eines Tages des Weges kamen, wollten die Mär nicht glauben, und schon bekamen sie es mit dem lebhaften Riesen zu tun, was Hicks jüngster Sohn Heinz mit dem Leben bezahlte. Aus Rache überraschten die verbliebenen Hicks den Unhold im Schlaf und warfen ihm einen seiner Gesteinsbrocken in den Rachen, was Wackebold nicht gut bekam. Er fand unter dem Felsberg seine letzte Ruhestätte, womit auch geklärt wäre, warum der Große Stein so riesig ist.

Jenseits der Sage handelt es sich beim Großen Stein um eine Basaltblockhalde, die auf einen Vulkanausbruch vor gut 20 Millionen Jahren zurückzuführen ist. Die Lava erstarrte danach zu Basaltblöcken, die während der Eiszeit durch Frost in jene handlichen Kleinteile zerfielen, mit denen launische Waldriesen dann später fröhlich um sich werfen konnten. Solche Blockhalden sind in Nordrhein-Westfalen eine echte Rarität und genießen deshalb besonderen Schutz. Die bei Holzhausen sollte man zudem mit der nötigen Pietät betreten, was auch den Hachsen zugutekommt.

Adresse Zum Großen Stein, 57299 Burbach-Holzhausen, Aufstieg in den Wald gemäß Beschilderung | **ÖPNV** Bahn nach Burbach oder Bus SB 4 bis Burbach Post/Bahnhof, L 220 bis Holzhausen Hoorwaldstraße | **Tipp** Ähnlich schön – und sogar mit Gipfelkreuz und -buch bestückt – sind die Trödelsteine, die man am besten über den gleichnamigen Pfad vom Wanderparkplatz in der Austraße (Burbach-Wahlbach) ansteuert.

23 Das Heimhof-Theater

Kleinkunst-Charme und Nostalgie

So klein und abgelegen das Theater auch sein mag, so naheliegend schien es doch den Großen immer, hier aufzutreten. Götz George spielte im Heimhof Zola, Horst Frank gab Sartre und Elly Ney Beethoven zum Besten. Uwe Johnson und Eugen Roth lasen aus ihren Werken, Willy Reichert rezitierte Ringelnatz, und wenn gerade mal kein Edgar Wallace gedreht wurde, kamen Heinz Drache, René Deltgen und Fritz Rasp auf einen Schwank vorbei.

Wen wundert's! Ob Künstler oder Kunstfreund, jeder, der den Charme dieses kulturellen Kleinods in Burbach-Würgendorf erlebt hat, spricht vom Heimhof mit Anwandlungen des Entzückens. Das liegt nicht zuletzt an der unvergleichlichen Inneneinrichtung des Theatersaals, in dem sich 207 hölzerne Polstermöbel im Stil der 1950er Jahre treppenartig vor der Bühne erheben. Dabei werden drei der vier Ebenen etwas vollmundig als Empore bezeichnet, was ein erstes Schmunzeln auslöst. Dieses hält an beim Anblick der schwarzen Wandtapeten mit ihren stilisierten griechischen Amphoren und goldbunten Zierelementen, die vom warmen Licht geschwungener Messingleuchter heimelig angestrahlt werden.

Ermöglicht wurde das Heimhof-Theater in den Jahren 1951/55 von der Dynamit Nobel AG. Der Gebäudekomplex selbst wurde, hufeisenförmig, bereits während des Ersten Weltkriegs errichtet und verstand sich als Heimstatt für Menschen, Fuhrwerke, Gerätschaften und Futtermittel, wodurch sich der Name »Heimhof« erklärt. Der 1917 im Jugendstil gebaute Wasserturm war als Tränke für Pferde gedacht, die 1919 einzogen, zehn Jahre später aber wieder verschwanden.

Das Schiller-Zitat im Foyer hat recht: »Alle Kunst ist der Freude gewidmet, und es gibt keine höhere und keine ernsthaftere Aufgabe, als die Menschen zu beglücken.« Das kleine Theater wird dieser Aufgabe schon rein architektonisch gerecht, und so gilt ein bekannter Heimhof-Slogan der 1970er Jahre noch heute uneingeschränkt: »Einfach mal hingehen …«

Adresse Heimhofstraße 7a, 57299 Burbach, Tel. 02736/5096850, www.heimhoftheater.de | **ÖPNV** Bahn nach Burbach-Würgendorf oder Bus SB 4 bis Würgendorf Wasserscheide | **Tipp** Vom Theater und dem gegenüberliegenden »Haus Wasserscheide«, einer Gastwirtschaft mit Hotel, berichtet Eugen Roth in seinen Erinnerungen. Der denkmalgeschützte Schieferbau hat einen interessanten Eingangsbereich mit Marmor im Stil der Wirtschaftswunderjahre (www.hotel-haus-wasserscheide.eu).

24 Das Landhaus Ilse

Bauhaus-Ästhetik, bunt variiert

Für ein waschechtes Bauhaus-Gebäude ist das Landhaus Ilse mit seinem warmen gelben Anstrich und seiner filigranen Wintergarten-Terrasse ein wenig zu lauschig und mediterran. Insbesondere, wenn man es mit seinem mutmaßlichen Vorbild, dem sehr viel nüchterneren Haus Am Horn, vergleicht, das der Maler Georg Muche im Jahre 1923 für die erste Bauhaus-Ausstellung in Weimar konzipierte, als »eine Art Atriumhaus für eine drei- bis vierköpfige Familie ohne Bedienstete«. Faktisch ist aus dem Haus Am Horn so etwas wie das Ur-Haus der Moderne geworden.

Dass dem Ingenieur Willi Grobleben Baupläne des Weimarer Musterhauses bekannt waren, als er ein Jahr später in Burbach sein Landhaus errichten ließ, ist wegen der zahlreichen architektonischen Parallelen mehr als wahrscheinlich, zu denen vor allem ein nahezu identischer quadratischer Grundriss gehört. Beide Häuser haben das Wohnzimmer in der Mitte, als Atrium, um das herum die anderen Zimmer funktional angeordnet, die im Landhaus Ilse allerdings mit kräftigerem Farbanstrich versehen sind. Grobleben liebte es bunter als die betont sachlichen Bauhaus-Architekten, die zudem kaum auf die Idee gekommen wären, Gebäude nach ihrem Nachwuchs zu benennen. So scheint der Bauherr von Burbach geschmacklich wohl doch noch ein wenig der damaligen Normalbevölkerung nahegestanden zu haben, welche die Bauhaus-Ästhetik als zu kalt und maschinell empfand, mitunter sogar belächelte.

Grobleben, der 1924 als Grubendirektor nach Burbach kam, ließ das Landhaus Ilse zunächst als Gästehaus für die Westerwald-Brüche AG (WAG) bauen, die es ihm bei ihrem Teilkonkurs als Abfindung überließ. Durch Verkauf, Erbschaft und Schenkung gelangte das nahezu unveränderte Gebäude 2016 in den Besitz der Gemeinde Burbach, die sich nun über ein wichtiges architektonisches Zeugnis der Weimarer Republik und die einzige bekannte Nachahmung des Weimarer Musterhauses freuen darf.

Adresse Erzweg 3, 57299 Burbach | ÖPNV Bahn nach Burbach oder Bus SB 4 bis Burbach Post/Bahnhof | Öffnungszeiten Besichtigung nach Voranmeldung über das Kulturbüro Burbach (Tel. 02736/4588, kulturbuero@burbach-siegerland.de) oder die Touristeninformation (Tel. 02736/4522, touristinfo@burbach-siegerland.de) | Tipp Thematisch und räumlich empfiehlt sich danach ein Besuch der Steinbrecheranlage (Ort 26).

25 Der Siegerland-Flughafen

Start- und Landebahn der Region

Dort, wo sich über die B 54 das Siegerland zum Westerwald aufschwingt, liegt auf der zugigen Hochebene zwischen Lippe, Lützeln und Liebenscheid, genau an der Grenze zwischen Nordrhein-Westfalen und Rheinland-Pfalz, der Siegerland-Flughafen. Er ist einer von sieben Verkehrsflughäfen in NRW – doch während die in Düsseldorf und Köln / Bonn internationale Großflughäfen sind, gehört der Siegerländer zu den kleineren Regionalflughäfen, von denen es in Deutschland 18 gibt. Dass man Regionalflughäfen gern auch als Provinzpisten bezeichnet, muss die Kleinen nicht weiter stören, denn immerhin sind sie fertig und deshalb sogar benutzbar.

Der Siegerland-Flughafen ist beides seit 1967, verfügt über eine asphaltierte Start- und Landebahn von 1.620 mal 30 Meter, auf der schon die tschechische Fußballnationalmannschaft gelandet ist, und zwei kleinere Bahnen mit Grasbelag, die sich unweit der Fuchskaute, der höchsten Erhebung des Westerwaldes, auf 599 Meter über dem Meeresspiegel ausdehnen. Damit ist der Siegerland-Flughafen der zweithöchste Verkehrsflughafen Deutschlands. Nur der in Memmingen (ja, den gibt's wirklich!) liegt mit seinen 629 Metern noch ein kleines bisschen höher.

Zu einem Flughafen (im Gegensatz zu einem Verkehrslandeplatz) gehört immer eine entsprechende Infrastruktur: Hangars mit entsprechenden Wartungseinrichtungen (Werften), Abfertigungsanlagen und Service-Einrichtungen für Passagiere, auf dem Siegerland-Flughafen etwa in Gestalt eines Restaurants. Das Toscana-Stübchen (so der heutige Name des Lokals) hat eine Aussichtsterrasse, die besonders im Sommer stark frequentiert ist, darüber hinaus viel Originales aus den Anfangsjahren des Flughafens, wie die Eingangstür, den Kamin und den Tresen, alle drei freakig bis kultig. Im Toscana ist man zwar noch nicht in Italien, aber gefühlsmäßig doch schon ziemlich weit weg vom Alltag. Rundflüge übers Siegerland sorgen für weiteren wohltuenden Abstand.

Adresse Flughafenstraße 8, 57299 Burbach, Tel. 02736/4140, www.siegerland-airport.de | **ÖPNV** Bahn nach Burbach oder Bus SB 4 bis Burbach Post/Bahnhof, L 222 bis Lippe Zollhaus | **Öffnungszeiten** siehe Webseite | **Tipp** Die »Erlebnis Flughafen Touren« ermöglichen einen Blick hinter die Kulissen des Flughafenbetriebs. Gruppenführungen auf Anfrage unter 02736/41430 oder eva.michel@siegerland-airport.de.

26 Die Steinbrecheranlage

Marmorstein und Eisen bricht. Basalt auch.

Je nachdem, wann man dieses seltsame Überbleibsel aus den 1920er Jahren besucht, wirkt es gespenstisch wie in einem Gruselfilmklassiker oder malerisch wie ein Ölgemälde der Romantik. Die leicht unheimliche Note verstärkt sich bei ergiebigem Regen aus düsteren Wolken, der zudem den Vorteil bietet, dass man die Ruine dann ganz für sich allein hat. Zum anderen läuft bei solchem Wetter die Buchheller zu ihrer Höchstform auf, die sich nur wenige Meter weit entfernt mit ohrenbetäubendem Rauschen in die Abraumhalden der Peterszeche stürzt.

Die bizarren Geröllformationen stammen aus einer Zeit, in der im Buchhellertal noch Zink-, Blei- und Kupfererz abgebaut wurden. Von den zahlreichen Gruben mit so klangvollen Namen wie Hoffnungsstern, Viktorsfeld und Mückenwiese war die 1850 gegründete Peterszeche die größte. Doch schon Ende der 1860er Jahre mussten die ersten Gruben wegen mangelnder Rentabilität schließen, was am Ende auch die Peterszeche traf, die 1907 geschlossen und 1917 endgültig stillgelegt wurde. Die Schienen und Schwellen der Kleinbahn, mit der das Gestein abtransportiert wurde, verschwanden 1932, und so erinnert neben den Abraumhalden nur noch die Steinbrecheranlage an jene fernen Zeiten, in denen im heute so idyllischen Buchhellertal mit seinem freundlichen Flüsschen noch mühsam um Rohstoffe gerungen wurde.

Allerdings ist die Steinbrecheranlage in der wasserdurchrauschten Mondlandschaft ein Spätankömmling. Als Anlage des Basaltsteinbruchs am Höllenkopf war sie von 1922 bis 1928 in Betrieb, zu einem Zeitpunkt also, da der Erzabbau bereits Geschichte war. Heute erzählt die Anlage ihre eigene, wobei ihre Erzählung vom Plätschern der Buchheller aufgegriffen wird, die den Wanderer in eines der schönsten Täler des Siegerlands führt. Vom Parkplatz am Naturschutzgebiet »Unteres Buchhellertal« lässt sich das Tal wunderbar erkunden, auch mit dem Rad.

Adresse Waldgut Buchhellertal, 57299 Burbach, Parken am Ende der Straße nach dem Fachwerkhaus, dann bei der Weggabelung links laufen | ÖPNV Bahn nach Burbach oder Bus SB 4 bis Burbach Post / Bahnhof | Tipp Vom Buchhellertal aus lohnt der Aufstieg zu den Trödelsteinen, wo man in 613 Meter Höhe wieder auf reichlich Basalt (inklusive Gipfelkreuz) stößt. Abmarsch: Wanderparkplatz Trödelsteine an derselben Straße.

27 Das Wetterbachtal

Wiesenweite im Hickengrund

Die meisten Täler im hügeligen Kreis Siegen-Wittgenstein gleichen Einschnitten. Die einen sind breiter, die anderen enger, bei fast allen jedoch ist der nächste Berg nicht weit entfernt, der den Verlauf des jeweiligen Talgewässers vom Ufer aus beäugt, was ja auch durchaus seinen Reiz hat.

Ganz anders das Wetterbachtal bei Holzhausen an der Grenze zu Hessen: eine breite Aue mit ausgedehnten Wiesen und Weiden, in deren offener Weite sich ein Bächlein wie der Wetterbach in seinem Lauf noch unbeobachtet fühlen darf. Das gilt auch für Wanderer, obwohl die Landstraße gar nicht mal so weit entfernt ist. Auf diesem schönen, wenn auch kleinen Fleckchen Erde hat man irgendwie das Gefühl, besonders viel Himmel über und besonders viel Grün unter sich zu haben.

Was das Grün betrifft, so ist auch dessen genaue Zusammensetzung einmalig, denn übers Jahr gedeihen im Wetterbachtal etwa 250 Wiesenpflanzen, im Frühling die gelbe Trollblume, im Hochsommer der Blaue Eisenhut und der violette Sumpf-Storchschnabel. Dass das selten gewordene Braunkehlchen dieses vielfarbige »Kraut-Idyll« zu einem seiner bevorzugten Brutgebiete in Nordrhein-Westfalen auserkoren hat, kann dabei kaum verwundern.

Es gibt aber noch eine weitere seltene Tierart, die sich hier wohlfühlt und deren unkonventionelle Art des Heranwachsens ihr anderswo Probleme bereitet: der Dunkle Wiesenknopf-Ameisenbläuling. Dieser Tagfalter legt seine Eier in den Blüten des Großen Wiesenknopfes ab, von denen sich die Raupe so lange ernährt, bis sie zu Boden fällt, um sich von Ameisen in deren Nest tragen zu lassen. Dort wird sie gehätschelt und gefüttert, fällt im Gegenzug über die Ameisenbrut her, um sich nach erfolgreicher Verpuppung als Schmetterling aus dem Staub zu machen. Solch schräge Biografien der Fauna sind im Wetterbachtal mit seiner Flora noch möglich, die man am besten über den beschilderten Lehrpfad erkundet.

Adresse Von Burbach kommend nach dem Kreisverkehr vor Holzhausen erste Straße links Richtung Flammersbach, Parken in Schildnähe | **ÖPNV** Bahn nach Burbach oder Bus SB 4 bis Burbach Post/Bahnhof, L 220 bis Holzhausen Ort | **Tipp** Gute Einkehrmöglichkeit: »Der Fiester Hannes« (www.fiesterhannes.de), wo bereits Paul McCartney weilte, der als Naturfreund vermutlich auch das Wetterbachtal inspiziert hat.

28__Balds historische Fahrzeugschau

Wenn der Vater mit dem Sohne …

… Motorrad fährt, dann wird später bisweilen ein Museum daraus. Rudolf Bald erinnert sich noch heute ganz genau an den Klang, den sein Vater damals seiner BMW R 63 entlockte, einem 24 PS starken Sportmotorrad mit 730 Kubikzentimeter Hubraum und todschickem Rohrrahmen. Es gibt Kindheitseindrücke, die prägen sich so tief ein, dass sie zur Leidenschaft werden, und als Bald 1995 in den Ruhestand ging, hatte er bereits so viele klangvolle Veteranen mit blau-weißem Emblem gesammelt, dass es von der Schließung seiner Speditionshalle bis zur Eröffnung eines Museums nur noch ein kleiner Schritt war.

Heute stellt er über 50 BMW-Motorräder und Gespanne aus, in fast lückenloser Abfolge von 1923 bis 1970, fahrtüchtig restauriert und hochglanzpoliert, so als wären sie noch nie auf der Straße gewesen. Dabei waren viele von ihnen auf Rennstrecken unterwegs, wie etwa die BMW RS 54 aus dem Besitz von Walter Schneider, der 1958 und 1959 mit seinem Gespann Weltmeister wurde. Aber es gibt noch andere Superlativen zu bestaunen: Da wäre zum einen die R 32 aus dem Jahre 1923, eins der ersten BWM-Motorräder, die jemals gebaut wurden, und das mit einem Kaufpreis von 2.200 Reichsmark so teuer war, dass seine Produktion bald eingestellt wurde. Zum anderen steht hier ein Gefährt, das es weltweit nur noch drei Mal gibt: der bullige Wehrmachtskübelwagen BMW 325 von 1939 mit Allradlenkung – nicht unbedingt schön, dafür aber extrem selten. Selten *und* schön ist dagegen, gleich daneben, ein eleganter dunkelroter Mercedes, Typ Mannheim 350 Cabriolet, Baujahr 1928, bei dessen Anblick eingefleischte BMW-Fans glatt noch das Lager wechseln.

Ebenfalls schön an Balds Fahrzeugpalast: dass statt Eintrittsgeld eine Spende erbeten wird zugunsten der DRK-Kinderklinik in Siegen, die sich bisher bereits über rund 60.000 Euro freuen konnte.

Adresse Grimbachstraße 34, 57339 Erndtebrück, Tel. 02753/3352 oder 0175/8176740, www.bmw-ausstellung.de | ÖPNV Bahn nach Erndtebrück oder Bus R27 bis Erndtebrück Ederfeldstraße | Öffnungszeiten jeden letzten So im Mai und am 3. Okt. 10–17 Uhr sowie nach Vereinbarung (juergen-weber-berghausen(@web.de) | Tipp Gleich um die Ecke befindet sich auf dem Alten Friedhof ein Rosengarten mit 400 überwiegend historischen, zum Teil seltenen Rosensorten. Führung: jeden 1. und 3. Sa im Monat ab 14 Uhr.

29 Der Ederradweg

Flussidyll in zwei Etappen

Der Großteil dieses etwa 180 Kilometer langen Radwegs liegt zwar in Hessen, aber die Ederquelle in Siegen-Wittgenstein. Nordrhein-westfälisch betrachtet, gestaltet sich die Schönheit des Ederradwegs zweiteilig: Teil 1 beginnt am Bahnhof Lützel, von wo der Weg zur gleichnamigen Siedlung führt. Dort gibt es mit der Graf-Gerlachs-Burg (Ort 43) schon die erste Sehenswürdigkeit zu begutachten. Es folgt die Eisenstraße, eine uralte, inzwischen etwas einsame Handelsstraße, die wellenförmig in schnurgeraden Linien durch die hohen Wälder führt. Dort, wo rechts der Weg zum Forsthaus Hohenroth führt (Ort 60), geht es links direkt in den Forst, vorbei am Kyrillpfad, dessen Wildnis das Ausmaß des damaligen Orkans erlebbar macht, und vorbei an der Ederquelle. Wenig später wird der Weg dann idyllisch: Die Eder mäandert in Serpentinen durch ausgedehnte Wiesen und Birkenhaine, bis sie schließlich in Erndtebrück ihr erstes Etappenziel erreicht.

Der folgende Abschnitt zwischen Schameder und Raumland ist straßenästhetisch und steigungsmäßig weniger ansprechend, was freilich elektrobetriebene Radler kaum kümmert. Selbstradler sollten Teil 2 am besten in einer separaten Tour bei Raumland beginnen, zum Beispiel bei Klinker's Landbäckerei. Kurz nach der Hauptstraße Richtung Berleburg führt die Strecke rechts über die Eder, die dort schon zu einem stattlichen Fluss angeschwollen ist und im Gegensatz zum noch gurgelnden Bach von Teil 1 rauschend einem weiten Tal entgegenströmt, was auch das Radeln gemächlicher macht. Nach der zweiten Ederbrücke, in deren Nähe sich das Schieferschaubergwerk befindet (Ort 10), nach Arfeld mit Schmiedemuseum (Ort 11) und romanischer Kirche (Ort 7) geht es auf Schwarzenau zu, wo sich unweit der hessischen Grenze eine Pause im Biergarten der Schwarzenauer Mühle anbietet. Beide kurzen Teilstücke sind herrlich, wobei sich für das rustikale erste ein robustes Mountainbike empfiehlt.

Adresse Beginn Teil 1: Bahnhof Lützel, 57271 Hilchenbach-Lützel, Teil 2: Am Böhl 5, 57319 Bad Berleburg-Raumland | ÖPNV Teil 1: Bahn nach Lützel, Teil 2: Bahn nach Raumland-Markhausen | Tipp In Erndtebrück, dem offiziellen Startpunkt des Ederradwegs, gibt es ein Hochmoor (Ort 30), das man dort nicht erwarten würde.

30 Das Hochmoor »Auf der Struth«

Sumpfrelikt im Industriegebiet

Man muss schon wissen, wo es liegt. Ansonsten ist es schlichtweg unmöglich, das letzte Hochmoor Südwestfalens zu entdecken. Dabei befindet es sich gar nicht weit entfernt vom Erndtebrücker Bahnhof, direkt hinter dem Haus mit dem Ecktürmchen. Mit seinen 200 Meter Länge und 70 Meter Breite entspricht es größenmäßig etwa zwei Fußballfeldern, was nun wirklich nicht besonders groß ist. Erschwerend kommt hinzu, dass das Moor im Norden durch eine kunststoffverarbeitende und im Süden durch eine rohrproduzierende Firma eingefasst wird, in deren Nachbarschaft man ein Naturschutzgebiet nun garantiert nicht vermuten würde.

Die Analyse von Pflanzenpollen, welche im Moor perfekte Konservierungsbedingungen vorfinden (genau wie Moorleichen), legt nahe, dass das Hochmoor »Auf der Struth« bereits 3.500 Jahre auf dem Buckel hat und damit das älteste Moor im Rothaargebirge ist. Hochmoore sind Niederschlagsmoore, was bedeutet, dass ihr Wasserhaushalt ausschließlich »von oben« bestimmt wird. Sie sind nass und nährstoffarm, weshalb in ihnen nur wenige hoch spezialisierte Pflanzen gedeihen können, wie etwa das Scheidige Wollgras und die Rosmarinheide. Damit sich an den Wuchsverhältnissen möglichst wenig ändert, muss das Moor regelmäßig von Gehölzen befreit werden, die von außen ins Gelände eindringen. Besonders die schnell wachsenden Birken sorgen dafür, dass dem Moorboden Wasser entzogen wird, das dann über die Blätter rasch verdunstet. Auch kann sich das Moor im Herbst nicht mit dem nährstoffreichen Laub anfreunden, das wie Dünger wirkt und deshalb bei Moorpflanzen alles andere als beliebt ist.

Die Beaufsichtigung des Hochmoors »Auf der Struth« obliegt einer Ziegenfamilie, die in einem Holzverschlag untergebracht ist und sich zuverlässig um die Oberflächenbearbeitung kümmert. Besuchern gegenüber zeigen sich die Tiere neugierig und aufgeschlossen.

Adresse Hinter dem Mühlenweg 28, 57339 Erndtebrück, Zugang über den Parkplatz der ESTA-Rohr GmbH, Mühlenweg 26 | ÖPNV Bahn oder Bus R 27 bis Erndtebrück | Tipp Wer dieser äußerst kargen Landschaft nichts abgewinnen kann, begibt sich in Erndtebrück City schnell zum überregional bekannten Eiscafé Dolomiti, Marburger Straße 3.

31 Das 4fachwerk

Geschichte und Kunst mittendrin

Fachwerkhaus, vier Ebenen, Hausummer 4 – fertig ist der Name. Eigentlich sollte das Gebäude verkauft werden, was das Ende des Freudenberger Stadtmuseums bedeutet hätte, das viele Jahre darin untergebracht war. Glücklicherweise fand sich eine Gruppe engagierter Bürger, denen es ein Herzensanliegen war, diesen kulturellen Ankerpunkt in der Mitte des Alten Fleckens zu erhalten.

Mit dem sicheren Wissen, dass es nicht genügt, an Altem festzuhalten, wenn nicht zugleich etwas Neues, Zeitgemäßes mit auf den Plan tritt, gründete sich 2014 ein Verein, der das Haus seitdem ehrenamtlich weiterführt, mit frischem Wind und erweitertem Konzept. Seitdem befinden sich Vergangenheit und Gegenwart unter einem Dach. Direkt unter demselben: das Uhrenmuseum, mit eindrucksvollen Erzeugnissen der Siegerländer Uhrmacherkunst, vor allem des Freudenbergers Johann Peter Stahlschmidt, von dem die kuriose »Janusuhr« stammt. Das Prachtstück von 1789 gilt als die komplizierteste historische Uhr des Siegerlands und zeigt mit ihren zwei Zifferblättern (bei entsprechender Wandaussparung) die Zeit in zwei Zimmern an. Eine Etage darunter: ein Heimatmuseum mit Exponaten zur Freudenberger Stadtgeschichte.

Bodennah angesiedelt ist die Gegenwart: Das Erdgeschoss im 4fachwerk versteht sich als Kunstforum, offen für Kreative jeglicher Art. In der kleinen, aber feinen Galerie können nicht nur einheimische Künstler ihre Arbeiten zeigen, denn der Blick über den regionalen Tellerrand gehört mit zum weiten Konzept der stets wechselnden Ausstellungen. Die Räumlichkeiten im Keller sind dagegen jenen vorbehalten, deren gestalterische Ausdrucksformen noch im Werden sind. Hier finden in Atelieratmosphäre Mal- und Zeichenkurse für Anfänger und Fortgeschrittene statt, entsteht unter Tage das, was dann später vielleicht einen Stock höher das Licht der Welt erblickt, womit sich die Zukunft nahtlos an Vergangenheit und Gegenwart anschließt.

Adresse Mittelstraße 4, 57258 Freudenberg, Tel. 02734/7223, www.4fachwerk.de | ÖPNV Bus R38 bis Freudenberg Bahnhofstraße | Öffnungszeiten Mi, Sa, So 14–17 Uhr | Tipp Damit möglichst wenig in Vergessenheit gerät, findet im 4fachwerk zur Dämmerungszeit regelmäßig die »Lechtstonn« statt, in der Dieter Siebel, unterstützt vom Publikum, Geschichten, Rezepte, Sitten und Gebräuche von damals in Erinnerung ruft.

32 Der Alte Flecken

Einzigartig und postkartenschön

Es gibt keinen historischen Stadtkern in Fachwerkbauweise, der es auch nur annähernd mit dem von Freudenberg aufnehmen könnte. Und deshalb ist der Alte Flecken *das* Fotomotiv des Kreises Siegen-Wittgenstein. Alt ist diese einmalige Gruppe gleichmäßig ausgerichteter Schwarzweißhäuschen, weil sie aus dem 17. Jahrhundert stammt, und Flecken heißt sie, weil sie sich, genau wie der Rotweinflecken auf dem weißen Tischtuch, prägnant von ihrer Umgebung abhebt.

Besonders in Norddeutschland bezeichnet der Ausdruck »Flecken« eine kleinere Siedlung, die für die umliegenden Dörfer wegen ihrer zentralen Lage wichtig war. Oft waren solche Siedlungen einer Burg als Schutzinstanz zugeordnet. In Freudenberg war die Burganlage im 17. Jahrhundert unter militärtechnischen Gesichtspunkten schon nicht mehr erforderlich, weshalb man sie nach dem großen Stadtbrand vom 9. August 1666 auch nicht mehr aufbaute. Die Reste der Burgruine wurden beim Wiederaufbau des zerstörten Restfleckens verwendet – zur Stabilisierung der Kellergewölbe. Die Bauten darüber sind bis heute unversehrt erhalten, allen Kriegen zum Trotz, und so entspricht der Anblick des Alten Fleckens weitgehend dem, was der Betrachter schon vor 350 und noch viel mehr Jahren zu sehen bekam, denn Fürst Johann Moritz von Nassau-Siegen, der damals zuständige Regent (Ort 84), verfügte den Wiederaufbau des Fleckens auf den alten Grundrissen von 1540.

Am imposantesten ist der Anblick des Fleckens zweifellos von der Stelle aus, an der sich die Giebelwände mit ihrem filigranen Fachwerk silhouettenartig voreinanderschieben, in der Reihenfolge Markt-, Mittel-, Unter- und Poststraße (von oben nach unten). Unten, wo der Anfang der Kölner Straße zum Aufstieg des beliebten Aussichtspunktes im Kurpark führt, befindet sich unter der Nummer 3 das älteste Haus Freudenbergs – das einzige, das sogar den großen Brand überlebt hat.

Adresse Stadtzentrum, 57258 Freudenberg, Aufstieg zum Postkartenblick: Seelbachsecke/ Kölner Straße | ÖPNV Bus R38 bis Freudenberg Bahnhofstraße | Tipp Sehenswert auch: Freudenbergs ev. Kirche (Krottorfer Straße 19a, tagsüber geöffnet), die als Glockenturm den mittelalterlichen Wehrturm des Schlosses inklusive Schießscharten und Gefängnis übernommen hat. Führung möglich mit Pfarrer Thomas Ijewski (Tel. 02734/271543, th.ijewski @ekfb.de).

33 Die Alte Schanze Hohenhain

Sicherheitstrakt aus Naturmaterial

Es gehört zu den Marotten des Menschen, sich abzugrenzen. Neuzeitmenschen mögen es, Mauern in die Höhe zu ziehen, an früheren Schanzanlagen entschied man sich für Landhecken. Dazu hob man den Boden aus und errichtete einen Erdwall, der mit Bäumen bepflanzt wurde, zum Beispiel mit Hainbuchen. Deren Seitenzweige bog man nach unten, verflocht sie miteinander und steckte sie in die Erde, wo sie wieder neu austrieben. So entstand ein undurchdringliches Dickicht, deren Lücken man mit Dornensträuchern schloss, dem natürlichen Vorbild des modernen Stacheldrahts.

Der Bewuchs wirkt zwar in Hohenhain heute deutlich freundlicher und luftiger, die Schanze mit ihren Aushebungen und Wällen ist allerdings so gut erhalten, dass die Berliner Mauer (oder was von ihr übrig ist) neidisch auf sie wäre. Im Mittelalter schützte die Hohenhainer Schanze beidseitig die Brüderstraße, die als wichtiger Handelsweg Siegen und Köln verband. Darüber hinaus riegelte sie das nassauische Siegerland vom kurkölnischen Herzogtum Westfalen ab. Die Stellen, an denen die Landhecke passiert werden konnte (natürlich gegen Entgelt), nannte man »Schlag«, die Schranken »Schlagbäume« und die Wachposten »Bäumer«, von denen es in Freudenberg und Umgebung eine ganze Reihe von Nachkommen gibt.

Das Hohenhainer Sicherheitssystem mit seinen mindestens vier Schlagbäumen war das mächtigste der Siegener Landhecke, weshalb man vom »Dicken Schlag« sprach, den auch Jakobspilger auf ihrem Weg von Marburg nach Santiago de Compostela passierten. Überfälle in ungesichertem Gelände waren damals nichts Besonderes, und so hielten sich die Pilger an gut überwachte Verkehrsstraßen. Mountainbiker, die heute das abwechslungsreich gewundene Waldgebiet für ihre Wochenendzerstreuung missbrauchen, ahnen indessen wenig von den Alltagswidrigkeiten der damaligen Fortbewegung.

Adresse Wanderparkplatz Hohenhainer Straße, 57258 Freudenberg | **ÖPNV** Bus R 38 bis Freudenberg Morer Platz, L 151 bis Hohenhain Ort | **Tipp** So hoch die Schanze, so tief der Tunnel (Ort 37), den man in Hohenhain gleich mitbesichtigen sollte. Ebenfalls von der Schanze aus möglich: der Einstieg in den 6,5 Kilometer langen KulturFlecken-Weg, einen Rundweg mit 16 Stationen zu heimischen Künstlern, für den es auch einen Kinderführer gibt.

34__Der Backes in Oberholzklau

Eine Schönheit unter vieren

Hauberg und Backes lassen das Herz des heimatverbundenen Siegerländers höherschlagen. Für den schlechthinnigen Hauberg fährt man am besten nach Fellinghausen (Ort 50), was den entsprechenden Backes betrifft, fällt die Auswahl schon schwerer. Von den vielen alten Backhäusern ist jenes in Oberholzklau in mehrfacher Hinsicht interessant: Es stammt aus dem 17. Jahrhundert, liegt malerisch am Pfarrteich und unweit vom 1608 erbauten Pfarrhaus, das als das älteste Fachwerkhaus im Siegerland gilt, und auch die alte Kirche steht noch, deren Pfarrer im Backes früher sein Brot buk, zusammen mit dem Lehrer. Das unversehrte Ensemble dieser vier Schönheiten ist einen Besuch wert, zumal die Kirche von Oberholzklau mit zwei weiteren Besonderheiten aufwartet: Erbaut um 1250, ist die spätromanische Hallenkirche eine der ältesten im Kreis Siegen-Wittgenstein, die darüber hinaus noch im Besitz ihrer beiden originalen Glocken ist, gegossen 1512 und 1588.

Das Brotbacken im Backes gehört zu den Traditionen, die im Siegerland seit einiger Zeit wieder mit großem Enthusiasmus zum Leben erweckt werden. Sind im Hauberg die Schanzen gebunden (circa ein Meter lange und 30 cm dicke Bündel aus Eichen- und Birkenreisig), steht der dörflichen Backorgie nichts mehr im Wege, bei der das beliebte Schanzenbrot entsteht. Schwer zu sagen, ob es am selbst gemachten Sauerteig aus Roggenmehl liegt oder an der besonderen Glut, mit der die brennenden Schanzen den Backes auf Hochtouren bringen. Nicht zuletzt dürfte wohl der persönliche Bezug zum Hergestellten ausschlaggebend dafür sein, dass Schanzenbrot so unvergleichlich schmeckt und jedes noch so knusprige Brot vom Bäcker in den Schatten stellt. Im alten Backes von Oberholzklau ist das Schanzenbrot leider Geschichte, schließt man aber vom Backes auf sein Brot, so muss das von Oberholzklau großartig gewesen sein.

Adresse Alte Straße, 57258 Freudenberg-Oberholzklau | **ÖPNV** Bus R53 bis Oberholzklau Kirche | **Tipp** Wer mehr über das Backen im Backes erfahren möchte, wendet sich am besten an die »Öalcher« (www.alchen.de unter »Backes«), die Beienbacher (Ort 62) oder die Bürbacher (Ort 90).

35 Die Bärenwaldeiche

Standhaft durch die Jahrhunderte

Dieser Baum ragt mit seinen fast 30 Metern so hoch aus dem Wald, dass es kaum möglich ist, seine Majestät fotografisch zu erfassen. Man schätzt das Alter der Bärenwaldeiche in der Nähe von Niederholzklau auf über 650 Jahre, denn die Stieleiche wurde bereits 1453 urkundlich erwähnt, was wohl kaum der Fall wäre, wenn sie nicht damals bereits zu den respektablen Persönlichkeiten gehört hätte. Urkundlich erwähnt, das klingt immer ein wenig trocken. Bedenkt man jedoch, dass über die Bärenwaldeiche bereits geschrieben wurde, als die Osmanen das christliche Konstantinopel eroberten, die Gutenberg-Bibel im Entstehen begriffen war, der Reformator Martin Luther aber nicht einmal geplant, dann bekommt man ein Gefühl für das epochenübergreifende Rauschen dieses herrlichen Baums.

Um den Waldtitan mit seinem stattlichen Stammumfang von gut fünf Metern war es 1990 allerdings schlecht bestellt, als ein Blitz der sonst so widerstandsfähigen Eiche schwer zusetzte und etwa 20 Meter ihrer Rinde wegsprengte, sodass allerlei Parasiten in den Baum eindringen konnten. Doch gelang es durch die Impfung der Wurzeln mit Mykkorhiza-Pilzen, beim geschwächten Patienten die Aufnahme von Wasser und Nährstoffen zu verbessern. Außerdem entfernten Waldarbeiter ein paar der umstehenden Fichten, die der Eiche überlebenswichtiges Licht entzogen. So erholte sich der Baum und wächst seitdem beharrlich weiter.

Wie es der Bärenwaldeiche gelingen konnte, über so viele Jahrhunderte hinweg den Abholzgelüsten der Forstwirtschaft zu widerstehen, bleibt ungeklärt. Möglicherweise zählte der Baum schon früh zu den »Malbäumen«, die benachbarte Gemarkungen trennen, und solche Grenzbäume durften nach einem nassauischen Gesetz aus dem Jahre 1562 »keineswegs abgehauen oder gestumpft werden«. Aber so ist das nun einmal mit Wundern: So richtig erklären kann sie keiner, und doch ist jeder froh, dass es sie gibt.

Adresse Waldhang zwischen Ober- und Niederholzklau, erreichbar über Niederholzklau, Hof Mühlenberg, 57258 Freudenberg (Hinweisschild vorhanden) | **ÖPNV** Bus R 53 bis Niederholzklau | **Tipp** Nach der Besichtigung am besten gleich weiter zum Kirchspiel Oberholzklau (Ort 34) mit seinem Pfarrhaus (1608), dem Backes am Pfarrteich (17. Jahrhundert) und der Kirche (13. Jahrhundert).

36 Das Café Zuckerpuppen

Gelegenheitscafé im Ofenstudio

Der Name des Cafés erklärt sich von selbst. Wer die beiden anmutigen Ladys in Aktion erlebt hat, weiß sofort Bescheid, und wer einmal das Glück hatte, ihre Torten auf die Gabel zu bekommen, der ahnt, dass auch die Zutaten am Namen nicht ganz unschuldig sind, denn in die gehaltvollen Kreationen von Sophie Wachter und Caroline Kray kommt nichts, was Rücksicht auf die schlanke Linie oder Lebensmittelunverträglichkeiten nimmt. Nein, in die Torten der backwütigen Cousinen gehört ausschließlich, was Spaß macht: Nougat-Buttercreme und Marzipan, karamellisierte Nüsse und Cointreau, um nur einmal die Ingredienzien der Haustorte zu nennen, deren Enden zu allem Überfluss auch noch mit selbst gemachten Florentinern verkleidet sind.

Das erinnert stark an die Backtugenden aus Großmutters Zeiten, von denen die Zuckerpuppen auch die gestärkten Tischtücher und Spitzendeckchen unter den Kaffeetassen übernommen haben, wobei es die beiden lieben, das gute Alte mit dem frischen Neuen zu verbinden. Unter den rund zehn Torten, die einmal im Monat dem neugierigen Publikum präsentiert werden, wechselt regelmäßig die Hälfte, denn beim Zubereiten der diversen Cremes, die sich zwischen die zahllosen Schichten der Torten schmiegen, wird immer wieder experimentiert und verfeinert, Ungewöhnliches ausprobiert und um weitere Gaumenschmeichler ergänzt. So trifft der Tortenliebhaber nicht nur auf Favoriten wie die Tiramisu-Torte (natürlich mit Mascarpone!) oder den Waldbeertraum, sondern immer wieder auch auf Überraschungen.

Selbst das Ambiente des Cafés ist überraschend, denn als Tatort fungiert nicht etwa ein eigenes Lokal mit festen Öffnungszeiten, sondern das Ofenstudio von Carolines Schwager David, in dem es zur kalten Jahreszeit wohnlich aus den Kaminen knistert. Hier treffen sich Jung und Alt, Kind und Kegel, Dick und Dünn – Low-Carb-Verfechter und Asketen dagegen bleiben lieber zu Hause.

Adresse Rüegg Studio Freudenberg, Oranienstraße 14, 57258 Freudenberg, www.facebook.com/cafezuckerpuppen, Tel. 0176/84111740 | ÖPNV Bus R 38 bis Freudenberg Bahnhofstraße | Öffnungszeiten Jeden 1. So im Monat 13 – 18 Uhr | Tipp Wer möchte, dass es nach der Torte liebenswert weitergeht, trinkt nebenan noch ein Käffchen bei Almut Ohlig, in deren Laden es behaglich nach Seife duftet (www.liebenswertes-home.de).

37 Der Hohenhainer Eisenbahntunnel

Lichtblicke im Felsmassiv

Auch wenn schon lange kein Gegenverkehr mehr zu befürchten ist, bleibt die Durchquerung des Hohenhainer Eisenbahntunnels doch immer noch ein etwas unheimliches Vergnügen, vor allem, wenn zur Nachtzeit die Beleuchtung erlischt. Bis die Strecke im Jahre 1985 endgültig stillgelegt und drei Jahre später die Gleise entfernt wurden, verbanden Strecke und Tunnel die Ortschaften Kirchen (Kreis Altenkirchen) und Finnentrop (Kreis Olpe). Möglich wurde dies durch einen beträchtlichen Kraftakt in den Jahren 1906 und 1907.

Ursprünglich war ein unkomplizierter Streckenverlauf über die Dörfer Büschergrund und Hünsborn geplant, den aber einige Freudenberger Unternehmen aufgrund eigener Interessen erfolgreich zu verhindern wussten. So musste man für den Streckenausbau auf das sehr viel unwegsamere Gelände in der Gegend um Hohenhain und im benachbarten Wildenburger Land ausweichen, was zahlreiche Dammaufschüttungen, Felsabtragungen und eben einen Tunnelbau erforderlich machte, zu welchem rund 400 Arbeiter, größtenteils aus Italien und Kroatien, herangezogen wurden. Das Ergebnis des Kraftakts war ein respektabler Rekord, denn mit 396 Metern war der Hohenhainer Eisenbahntunnel der längste in der damaligen Provinz Preußen.

An die Schinderei von früher erinnert heute nichts mehr, wenn man entspannt mit dem Fahrrad oder zu Fuß die leichte Biegung zwischen Tunneleingang zum Tunnelausgang nimmt, vorbei an moosbedeckten Bruchsteinen und Stützbeton mit Algenpatina, in dessen fahl beleuchtetem Gewölbe weit gespannte Sicherheitsnetze mitunter wohlig-schaurige Phantasien von Spinnen und Fledermäusen hervorrufen. Die Tatsache, dass es hier drinnen totenstill ist, tut ihr Übriges und ist nichts für sensible Naturen. Denn möglicherweise ist die Strecke ja doch noch nicht so ganz stillgelegt, wie man gemeinhin annimmt …

Adresse Parkplatz Ende Kleintirolstraße, 57258 Freudenberg | ÖPNV Bus R38 bis Freudenberg Morer Platz, L151 bis Hohenhain Ort | Öffnungszeiten ganzjährig rund um die Uhr, Beleuchtung: Dez. bis Febr. 9–18 Uhr, März bis Nov. auch länger | Tipp Ebenfalls in der Kleintirolstraße: der »Englische Garten« der Keylocks, in dem Bier der Brauerei Schmucker aus dem Odenwald ausgeschenkt wird (Sa, So, Feiertag 11–20 Uhr).

38 Die Kirmes im Technikmuseum

Wunderwelt aus Kindertagen

Es gibt auch sonst viel zu bestaunen im Freudenberger Technikmuseum, doch dieser filigrane Neuzugang ist – im Kontrast zu den schweren, sperrigen Exponaten – eine kleine Sensation. Wer die glitzerbunte Kuriosität mit ihren zahllosen beweglichen Komponenten und rund 180 leuchtenden Sechs-Volt-Birnchen betrachtet, kommt aus dem Staunen und Schmunzeln nicht mehr so schnell heraus.

Um ein Haar wäre der Kellerfund auf dem Schrott gelandet, denn niemand wusste so recht etwas damit anzufangen. In den Besitz des Technikmuseums gelangte er als Schenkung eines Trödlers, und es bedurfte vieler Stunden der Rekonstruktion, Restaurierung und Renovierung, um aus der kleinteiligen Hinterlassenschaft wieder das zu machen, was es ursprünglich einmal war. Es handelt sich um das circa sechs Meter lange und 1,60 Meter breite Modell einer Kirmes, auf deren Gelände sich so ziemlich alles befindet, was Kinderherzen höherschlagen ließ und lässt: Riesenrad Angelika, Bim-Bam-Bulla, der Meisterboxer, die drei Pralinis mit ihrer Akrobatik am schwankenden Mast, Irano Marischka, der Heu fressende Mensch, oder Elektro-Reimondo, der Mann mit 1.000 Volt Körperspannung. Wo man auch hinsieht, die Kirmes ist zum Brüllen komisch und bis zum Abwinken phantastisch, zumal die rund 200 Schildkröt-Figuren mit Hilfe von 22 Elektromotoren fröhlich durch die Gegend marschieren, schaukeln, den Lukas hauen oder im Karussell ihre Runden drehen. Kinder und Militär zahlen hier zehn, Erwachsene 20 Pfennig.

Erschaffen wurde der tolle Vergnügungspark von dem Elektroingenieur Hans Rüffer aus Siegen-Eiserfeld, der einarmig und damit berufsunfähig aus dem Krieg heimkehrte. In »Don Rüfferdos Schiffschaukel« versteckt sich der Name des Kirmes-Architekten, der sein Kinderparadies in jahrzehntelanger Kleinarbeit aus einfachsten Materialien erschuf. Das Ergebnis: einfach hinreißend!

Adresse Olper Straße 5, 57258 Freudenberg, Tel. 02734/3248, www.technikmuseum-freudenberg.de | **ÖPNV** Bus R38 bis Freudenberg Siegener Straße | **Öffnungszeiten** Mi 13–16 Uhr, So 10–17 Uhr | **Tipp** Kinder lassen sich in einem kleinen Eisenbahnpark neben dem Museum durch Jim Knopfs Lummerland juckeln, während Papi drinnen die riemengetriebenen Werkbänke bestaunt und Mutti es sich im Museumscafé gut gehen lässt.

39 Die Roetzel-Orgel

Pfeifentempel mit Kanzelanschluss

Verglichen mit den friesischen Orgelveteranen der Ems-Dollart-Region ist sie natürlich verhältnismäßig jung und klein. Aber sie ist eine echte Schönheit und behauptet im Regional-Ranking ihren Platz als älteste Orgel des Siegerlands. In Dienst genommen wurde das Schätzchen im Jahre 1820, gebaut entsprechend früher vom Orgelbaumeister Christian Roetzel, der das Instrument mit Schleifladen ausstattete, einer technischen Besonderheit, was die Versorgung der Pfeifen mit Luft betrifft, die vor allem Orgel-Freaks aufhorchen lässt. Historische Schleifladenorgeln gibt es im Siegerland sonst nirgends.

Anderen Menschen dürfte an der Roetzel-Orgel interessant erscheinen, dass sie sich unmittelbar über der Kanzel befindet und mit ihr architektonisch direkt verbunden ist. Eigentlich sind es Orgeln ja gewohnt, sich im hinteren Bereich der Kirche aufzuhalten, und wenn ihnen schon ein Platz in der Nähe des Altars beschieden ist, der in reformierten Kirchen Abendmahlstisch heißt, dann treten sie doch in der Regel bescheiden hinter demselben zurück. Wenn nun, wie in der Evangelisch-Reformierten Johanneskirche von Oberfischbach, Orgel und Kanzel eine Einheit bilden, besagt das schon rein bautechnisch, dass die Musik bei der Vermittlung des Göttlichen eine ebenso große Rolle spielt wie das gesprochene Wort, womit die Roetzel-Orgel streng reformierte Traditionen dezent unterläuft, nach denen alles, was über das Wort hinaus geht, eher als Ablenkung denn als Bereicherung angesehen wird.

Interessant an der Orgel ist aber auch ihr klassizistisches Design, das an antike Stilformen anknüpft und mit seinem Giebel und den Säulen mit korinthischen Kapitellen die Ästhetik griechischer Tempel nachahmt. Das göttliche Auge im Giebel der Orgel betrachtet dieses Heidentum mit großzügiger Gelassenheit und sendet von höchster Stelle unbekümmert seine güldenen Strahlen ins Kirchenschiff.

Adresse Kirchweg 4, 57258 Freudenberg-Oberfischbach | ÖPNV Bus R 39 bis Oberfischbach Ort | Öffnungszeiten Außerhalb des Gottesdienstes (So 10 Uhr) ist die Orgel in Absprache mit dem Gemeindebüro zu besichtigen, das Mo von 16–18 Uhr sowie Do von 9–11 Uhr geöffnet ist (Tel. 02734/60787) | Tipp Orgelfans schauen in der Orgelbau-Werkstatt Mebold (siehe Tipp zu Ort 96) vorbei, die 1991–93 die Roetzel-Orgel restauriert hat.

40_Das alte Internat in Stift Keppel

Jungfrauencharme mit Zucht und Ordnung

Als Dorothea Jehmlich zum ersten Mal den Kirchenboden von Stift Keppel betrat, ahnte die heutige Leiterin des Internatsmuseums nicht, welch ein Schatz sich hier verbarg. Das ehemalige Prämonstratenserinnenkloster, in dem vor der Reformation die unverheirateten Töchter des heimischen Landadels ihr Auskommen fanden, beherbergte ab 1871 eine Schul- und Erziehungsanstalt für Mädchen mit angeschlossenem Internat, dem sich 1872 ein Lehrerinnenseminar hinzugesellte. Als das Internat 1986 aufgelöst wurde, standen die alten Räume der inzwischen modernisierten Schule leer, und so kam eins zum andern: In zahlreichen Kammern des Barockbaus, vor allem aber auf dem »Ollern« (dem Dachboden) über der Stiftskirche, fand sich eine derart umfängliche Ansammlung von Möbeln, Stahlrohrbetten, Kleidungsstücken und Hüten aus der Zeit um 1900, dass der Wiederherstellung des alten Internats nichts mehr im Wege stand.

Wenn man die liebevoll eingerichteten, nach alten Fotos und Aufzeichnungen rekonstruierten Räumlichkeiten heute betritt, hat man das Gefühl, als seien die höheren Töchter gerade erst zum Defilee angetreten, um sich von Frau Oberin den ordnungsgemäßen Sitz ihrer gestärkten Schürzen und das einwandfrei hochgesteckte Haar bestätigen zu lassen. Und während alle kurz ausgeflogen sind, ist es dem Besucher vergönnt, die bescheidenen Zimmer der Anstalt zu inspizieren: den blütenweißen Schlafsaal der Schülerinnen mit abgetrennten Waschstellen, das Wohnzimmer der Lehrerin, der »Stubenmutter«, mit dem Original-Schreibtisch, an dem so manche schriftliche Arbeit korrigiert wurde, und die prall gefüllte, kaiserzeitliche Hausbibliothek.

Bei allem Charme: Der Aufenthalt in solch einem Bildungsinstitut war nicht immer ein Vergnügen. Ein Blick in die persönlichen Spinde der Insassinnen lässt erahnen, dass die Heimat mitunter ziemlich fern war – und die Sehnsucht danach ziemlich groß.

Adresse Stift-Keppel-Weg 37, 57271 Hilchenbach-Allenbach | **ÖPNV** Bahn nach Stift-Keppel-Allenbach oder Bus R 10 bis Kreuztal P+R Bahnhof, R 11 bis Allenbach Stift Keppel | **Öffnungszeiten** Besichtigung nach Absprache mit Dorothea Jehmlich, Tel. 02733/3281, jehmlich@stiftkeppel.de | **Tipp** Unbedingt sehenswert: die alte Stiftskirche und der barocke Konventsaal, durch die Dr. Erwin Isenberg nach Anmeldung führt: Tel. 02733/51920, drisenberg@stiftkeppel.de.

41 Die Bergbausiedlung Altenberg

Silberstadt mit Sagenruhm

Alles, was der Mensch nicht genauer kennt, eignet sich für eine Sage. Auf dem »Almerich«, dem Altenberg, so sagt man, habe sich in grauer Vorzeit eine Stadt befunden, deren habgierige Bewohner so sehr im Geld schwammen, dass sie selbst in Hungerszeiten Kuchen so groß wie Wagenräder buken und sie auf die Achsen ihrer Kutschen steckten, um die Armen zu verhöhnen. Der Himmel ließ sich diesen Hochmut nicht allzu lange bieten und die sündige Stadt mit Hilfe zuckender Blitze, Feuer und Schwefel geräuschvoll von der Bildfläche verschwinden.

1963 tauchte sie dann aber wieder auf, als der Hobby-Archäologe Hubert Cadel auf der Passhöhe zwischen Müsen und Littfeld Mauerreste entdeckte, die sich bald einer Siedlung zuordnen ließen. Die ersten Spatenstiche, bei denen Silbermünzen auftauchten, wuchsen sich in der Folgezeit zu einer der größten und umfangreichsten archäologischen Ausgrabungen auf dem Gebiet des Bergbaus aus – und so wurden zwischen 1969 und 1984 die Berührungspunkte zwischen Sage und Wirklichkeit systematisch herausgearbeitet. Tatsächlich existierte nach den Forschungsergebnissen schon zu Beginn des 13. Jahrhunderts eine Bergbausiedlung auf dem Altenberg, wurden dort Erzbergbau und Erzverhüttung betrieben, wobei die Gewinnung silberhaltiger Blei- und Kupfererze im Mittelpunkt stand. Dieses Silber scheint dann zur Sagenbildung beigetragen zu haben, die vermutlich auch deshalb leichtes Spiel hatte, weil die Altenberger keine sonderlich guten Beziehungen zu ihren Nachbarn unterhielten. Das Feuer der Sage ist jedenfalls historisch, denn nach rund 100 Jahren wurde die Bergstadt durch eine Brandkatastrophe zerstört.

Heute kann man die wiederhergestellten Siedlungsreste über einen beschilderten Wanderpfad erkunden und das alte Sagengelände von der Stelle aus überblicken, wo auch vor 800 Jahren ein Turm stand.

Adresse Parkplatz Altenberg, Littfelder Straße, 57271 Hilchenbach | ÖPNV Bus R17 bis Haltestelle Müsen Wende (von dort weiter zu Fuß) | Öffnungszeiten ganzjährig rund um die Uhr, Zufahrt von Nov. bis März gesperrt | Tipp Einige der Ausgrabungsfunde befinden sich im Stahlbergmuseum (Ort 45), über das auch Führungen durchs Gelände der Bergbausiedlung zu buchen sind.

42 Die Ginsburg

Pilgerruine für Niederländer

Wackeren Burgfreunden ist es zu verdanken, dass die rund 800 Jahre alte Ginsburg heute wieder als solche zu erkennen ist. Schon dem Arzt und Schriftsteller Johann Heinrich Jung-Stilling, geboren 1740 im benachbarten Dörfchen Grund (Ort 44), war die Ginsburg nur noch als Ruine bekannt, die schließlich durch Steinraub und raue Witterung so sehr verfiel, dass die preußische Forstverwaltung Ende des 19. Jahrhunderts die kläglichen Mauerreste zuschütten und das Gelände einebnen ließ. Erst in den 1960er Jahren wurden die Relikte der Burg wieder freigelegt und 1967/68 um die rekonstruierte Version des bergfriedartigen Hauptturms ergänzt, von dem der Besucher heute einen einmalig schönen Panoramablick über die bewaldeten Flächen des Wittgensteiner, Sieger- und Sauerlands genießt.

Noch weiter blickte freilich Wilhelm I. von Oranien-Nassau, als er 1568 auf der Ginsburg den Feldzug gegen den Habsburger Philipp II., König von Spanien, vorbereitete. Vier Jahre später, so heißt es, versammelte Wilhelm auf den Hochebenen der Ginsberger Heide seine Soldaten, ausgehoben aus seinen nassauischen Stammlanden, mit denen er gegen die Truppen Philipps und des Herzogs Alba vorrückte. Das Ergebnis seiner Kraftanstrengungen war 1579 die Union von Utrecht, ein Vertrag, dem sich die heutigen Niederlande verdanken, sowie Wilhelms Aufnahme in die niederländische Nationalhymne, genannt »Het Wilhelmus«. Der Fürst meldet sich in den 15 Strophen höchstpersönlich zu Wort: »Wilhelmus van Nassouwe ben ik van Duitsen bloed«, wobei »Duits« hier Niederdeutsch im Gegensatz zu Spanisch bedeutet.

Gesungen wird heute auch in nächster Nähe der Burg, wo nebenan auf dem Giller zur Pfingstzeit das Musikfestival »Kultur pur« stattfindet. Früher tat es Wilhelm, heute versammeln Status Quo, Tom Jones und Sarah Connor dort ihre treuen Vasallen, die regelmäßig in die Zehntausende gehen.

Adresse Ruine Ginsburg, Schlossberg 1, 57271 Hilchenbach-Grund | ÖPNV Bahn bis Vormwald oder Bus R 27 bis Lützel In den Eichen | Öffnungszeiten Turmbesteigung: ganztägig, Ausstellungsräume: Sa, So 13–18 Uhr oder nach Vereinbarung unter 02733/4948 (auch Führungen möglich) | Tipp Unterhalb der Ruine befindet sich die Ginsburgstube mit sehr gutem Kuchen und dem höchstgelegenen Trauzimmer des Kreises.

43 Die Graf-Gerlachs-Burg

Einsam, alt und schwer zu finden

Zugegeben, allzu viel ist von der Burg nicht mehr zu sehen. Außer einem kleinen Rest vom Fundament, ein paar Steinbrocken und einem halbkreisförmigen Burggraben erinnert nur noch wenig an die älteste mittelalterliche Burg im Siegerland. Ihr Besuch lohnt dennoch, weil das Gelände, auf dem die Burg im 11. und 12. Jahrhundert gestanden hat, so markant ist, dass man sich nur ein paar Bäume wegdenken muss, um sich die exponierte Lage der einstigen Höhenburg auszumalen.

Eigentlich schon eher im Tal gelegen, befand sich die Graf-Gerlachs-Burg auf einem Bergsporn, einer gipfelfernen, aber doch deutlichen Erhebung, die zum Bach hin stark abfällt. Kein Mensch (auch kein Historiker) weiß so recht, warum ausgerechnet hier eine Burg erbaut wurde, denn die Gegend ist noch heute so einsam und schattig, dass der Winter hier sehr viel härter zu Buche schlägt als anderswo. Noch unwirtlicher hat man sich die Burg vor gut 800 Jahren vorzustellen, als das Siegerland vermutlich noch sehr viel weniger bewaldet war, weil Holz damals in rauen Mengen zum Heizen und für die Verhüttung von Erz gebraucht wurde.

Nachdem der einstige Trampelpfad zur Burg durch Sturmschäden so gut wie nicht mehr vorhanden ist, lässt sich das Burggelände nur noch folgendermaßen ausfindig machen: In der Siedlung Lützel führt beim Buchenweg der Wanderweg A2 in den Wald, wo es an der nächsten Gabelung links der rot-weißen Schranke leicht abwärts geht. Kurz nach dem schiefen Grenzstein am linken Wegesrand führt direkt vor einem ebenso schiefen Baumstumpf ein Forstweg den Berg hinab. Dort, wo sich weiter unten eine Reihe von Jungfichten zu einer kleinen Schonung verdichten, liegt links gegenüber das, was von der Burg übrig ist. Am moosbedeckten Baum mit entsprechendem Hinweisschild heißt es dann: Butterbrot und Flachmann raus! Ein Toast auf den wunderlichen Graf Gerlach oder wie immer der einsame Burgherr geheißen haben mag!

Adresse Beginn der Suche: Anfang Buchenweg, 57271 Hilchenbach-Lützel (Parken am Altpapiercontainer) | **ÖPNV** Bahn bis Lützel oder Bus R 27 bis Lützel Siedlung | **Tipp** Am einfachsten ist die Burg zu finden, wenn die Wälder noch nicht komplett belaubt sind. Unbedingt mit einem Besuch verbinden: die nicht weit entfernte Ginsburg (Ort 42)!

44_Jung-Stillings Grund

Weltbürgers Kinderstube

Kosmopoliten stammen nicht immer aus Metropolen. Wer heute durch das beschauliche Insbachtal mit dem Dörfchen Grund schlendert, kann sich kaum vorstellen, dass ausgerechnet dort einer der größten Geister des 18./19. Jahrhunderts seine Kindheit und Jugend verbracht hat. Johann Heinrich Jung, genannt Stilling (1740–1817), wuchs als Sohn des Dorfschneiders Johann Helman Jung auf, bei dem er zunächst auch arbeitete. Als 15-Jähriger war er bereits in den umliegenden Dörfern als Lehrer tätig, und sein Drang zur geistigen Betätigung wurde mit der Zeit immer stärker.

Stillings erstaunlich vielseitiges Wesen lässt sich grob erahnen, wenn man die Berufe zusammenstellt, die er im Laufe seines Lebens ausübte: Knopfmacher, Köhler- und Kaufmannsgehilfe, Vermessungsassistent, Arzt, Professor für Land- und Forstwirtschaft, Tiermedizin und Ökonomie, um nur einige zu nennen. Natürlich war der Hochbegabte auch literarisch tätig: Aus seiner Feder stammen nicht nur eine Unmenge von Fachabhandlungen und Lehrbüchern, deren Themenvielfalt schier unüberschaubar ist. Was Jung-Stilling zu Papier brachte, machte ihn überdies zu einem der meistgelesenen religiösen Schriftsteller seiner Zeit, und den ersten Teil seiner umfangreichen Lebensgeschichte gab sein Studienfreund Goethe 1777 unter dem Titel »Henrich Stillings Jugend« heraus, ein Werk, das bis heute gelesen wird.

Stillings Geburtshaus, genannt »Stölersch«, brannte zwar 1928 vollständig nieder, wurde aber schnell durch ein ähnliches Haus ersetzt, das heute eine Gedenkstube beherbergt. Sehenswert sind die einfachen Instrumente, mit denen Jung-Stilling erfolgreich Augenoperationen durchführte. Andere Gebäude des Dorfes, wie das Haus »Bau«, sind noch annähernd so erhalten, wie Jung-Stilling sie kannte, und ein wenig hat man den Eindruck, als sei »im Grunde« die Zeit stehen geblieben. So klein Grund immer noch ist, so groß ist doch der Geist, der diesem Ort entstammt.

Adresse Stölersch: Jung-Stilling-Straße 16, 57271 Hilchenbach-Grund | **ÖPNV** Bahn bis Vormwald, dann zu Fuß ins Dorf | **Öffnungszeiten** nach Vereinbarung (Tel. 02733/548882) | **Tipp** Am Ende des Insbachtals befindet sich eine Kneipp-Anlage mit eiskaltem Wasser, das nach dem circa zehn Kilometer langen Jung-Stilling-Pfad zusätzlich die Fußdurchblutung anregt. Lohnende Stationen auf dem Pfad: Ginsburg (Ort 42) und die Eventscheune Zollposten mit Biergarten (www.zollposten.de).

45 Das Stahlbergmuseum

Vom Bethaus ins Gestein

Führungen werden hier mit der Gebetsglocke begonnen. Das mag typisch sein für das fromme Siegerland, das Glockengeläut war aber auch das Geräusch, mit dem die Müsener Bergleute im Bethaus, dem heutigen Museum, noch bis 1910 ihre Schicht antraten. Was heute charmant wirkt, war früher der Beginn eines Arbeitstages, von dessen kaum noch vorstellbarer Härte das Stahlbergmuseum einen plastischen Eindruck vermittelt.

Im Bethaus, auch »Verläs« genannt, wurden die Namen der Bergleute verlesen, die in den Berg einfuhren (der Bergmann fährt, auch wenn er geht), und nach Schichtende war die Anzahl idealerweise identisch mit der am Morgen. Wer zu spät kam, dem wurden saftige Lohnkürzungen aufgebrummt.

Nach Andacht und Zuteilung des Lampenöls fuhr man also in den Berg, was auch der Besucher tut, indem er, mit Schutzhelm ausgerüstet, den bedrückend schmalen und niedrigen Erbstollen betritt, der ebenerdig 380 Meter in den insgesamt 1.144,5 Meter langen Stollen führt. Gebaut wurde dieser zwischen 1740 und 1780 zur Entwässerung des Bergwerks, dessen labyrinthische Gesamtausmaße ein interessantes Glasmodell im Bethaus veranschaulicht. Das Ende und zugleich den Höhepunkt des begehbaren Stollenteils bildet der funktionstüchtige Nachbau eines Wasserrads, wie es früher zum Antrieb der Entwässerungspumpen verwendet wurde. Auch im Maßstab von 1:3 erzeugt das Rad aus schwerem Eichenholz noch Respekt, ebenso wie das Wissen, dass nach weiteren 630 Metern Fußmarsch ins dunkle, nasse Stolleninnere dem Unvorsichtigen der sichere Sturz in den Abgrund droht.

So klein das Museum und so eng der Besucherstollen auch sein mögen, im 19. Jahrhundert war die Grube Stahlberg eine Berühmtheit von europäischem Format, sodass sich hier Persönlichkeiten wie König Wilhelm I. der Niederlande oder Friedrich Wilhelm IV. von Preußen blicken ließen. Heute sind freilich auch Nichtadlige willkommen.

Adresse Auf der Stollenhalde 4, 57271 Hilchenbach, www.stahlbergmuseum.de | ÖPNV Bus R 17 bis Müsen Kirche | Öffnungszeiten März bis Nov. jeden zweiten So im Monat zwischen 14.30 und 16.30 Uhr (Sommerferien jeden So), Führungen auf Anfrage (siehe Webseite) | Tipp Im Erdgeschoss des Museums befinden sich Ausgrabungsfunde der nahen Bergbausiedlung Altenberg (Ort 41).

46 Das Viktoria Filmtheater

Kunstgenuss im Doppelpack

Das Viktoria in Dahlbruch trägt die Bezeichnung »Filmtheater« zu Recht, denn die Räumlichkeit ist zugleich Lichtspielhaus und Theaterbühne.

Jochen Manderbach zeigt jährlich rund 250 Filme, darunter neben Blockbustern aus Hollywood auch kleinere und anspruchsvollere Produktionen, die bei den großen Kinoketten schon im Vorfeld abblitzen. In der Region hat sich längst der Ruf verbreitet, dass die richtig guten Filme in Dahlbruch laufen, was auch die zahlreichen Preise beweisen, mit denen Land und Bund das Programm des Viktoriakinos regelmäßig auszeichnen. Manchmal siegt Qualität eben doch noch über Mainstream.

Zu den Annehmlichkeiten eines Filmabends trägt natürlich auch die Atmosphäre des Theatersaals bei, der noch den Geist der 1960er Jahre atmet und den der Cineast am besten von einem der 58 Sitzplätze auf dem Balkon aus inhaliert, wo er mit etwas Glück einen Platz mit Abstelltischchen ergattert. Aber auch auf den 308 Sitzplätzen im Parkett spürt man nostalgisches Kino-Flair, dann etwa, wenn bei Schulaufführungen hinter dem aufgezogenen roten Samtvorhang Krabat die Zaubermühle betritt oder im Rahmen der Filmreihe »KinoKino« starke Frauen in starke Rollen schlüpfen.

Läuft gerade mal kein Film, ist die Bestuhlung Teil des Gebrüder-Busch-Theaters, dem kulturellen Zentrum der Stadt Hilchenbach, die Eigentümerin ist und das Theater 2010 modernisiert hat. Es ist kurios: Wo zu raschelnden Popcornklängen Actionhelden und Liebespaare über die Leinwand flimmern, lauschen am nächsten Abend Klassikfans der Philharmonie Südwestfalen, lachen Kleinkunstfreunde über Kabarett, hängen Theaterliebhaber gebannt an realen Schauspielerlippen. Den fünf Busch-Brüdern, in deren Namen sich hier Kultur ereignet, wäre das bunte Miteinander in ihrem Theater sicherlich recht gewesen. Auf den Brettern, die die Welt bedeuten, ist nun mal jede Sparte der Kunst gut aufgehoben!

Adresse Bernhard-Weiss-Platz 6, 57271 Hilchenbach, Tel. 02733/61467 | **ÖPNV** Bahn bis Dahlbruch oder Bus R 11 bis Dahlbruch Wagenhalle | **Öffnungszeiten** siehe unter www.viktoria-kino.de bzw. www.hilchenbach.de unter »Gebrüder-Busch-Theater« | **Tipp** Die Balkonplätze sind heiß umkämpft, können aber reserviert werden. Anders als konventionelle Kinos ist das Viktoria für »Events« buchbar!

47_Das Café Basico

Lokschuppen mit Tanzparkett

Spätestens wenn im Industriegebiet das Schild »Kläranlage« auftaucht, hat man das sichere Gefühl, man habe sich verfahren. Und dabei ist man genau richtig, denn das Café Basico ist so angenehm abgelegen, dass sich kein mürrischer Nachbar über Musik und Menschenlärm aufregen kann.

Eigentlich ist der ehemalige Lokschuppen zentral gelegen und als unmittelbarer Nachbar des Kreuztaler Bahnhofs (Ort 53) von dort aus deutlich zu sehen. Allerdings führt vom Bahnsteig kein Weg hinüber zu dem 1861 errichteten Steingebäude, das nach dem Krieg von der Deutschen Bahn als Betriebswerkstätte genutzt wurde, bevor es im Laufe der 1990er Jahre in Vergessenheit geriet.

Ab 2011 vollzog sich dann die erstaunliche Verwandlung des baufälligen Werkstattgebäudes aus dem Geiste des Tangos – seit 2014 befindet sich hier, dank des unermüdlichen Gestaltungsdrangs von Klaus und Eva Vetter, zwei leidenschaftlichen Tänzern, das Café Basico. Es hat sich, mit seiner Schrittfolge von Tango, Salsa und Kultur, bis weit über die Grenzen des Siegerlands hinaus den Ruf eines echten Szenelokals erworben und darf schon jetzt ein wenig legendär genannt werden.

Durch den wieder freigelegten Rundbogen, durch welchen früher schwere Schubloks ein- und ausfuhren, dringt nun mildes Tageslicht ins Innere (abends: schummriges Bahnhofslicht), und dort, wo sich einst stählerne Gleise in den Boden des Gebäudes hineinschnitten, befindet sich nun jenes hölzerne Parkett, mit Hilfe dessen der Lokschuppen am Wochenende zu südamerikanischer Lebendigkeit erwacht.

Im Café Basico finden regelmäßig Tanzkurse statt, aber auch Konzerte, Workshops, Frühstücks-Matinees oder Festivals, und wer bei mehrtägigen Veranstaltungen übernachten möchte, dem stehen auf den Nebengleisen des Geländes fünf Schlafwaggons zur Verfügung. Irgendwie ist das Basico kein Café, sondern viel mehr: ein Lebensgefühl.

Adresse Hüttenstraße 30, 57223 Kreuztal, Tel. 0171/9093482, www.cafebasico.de | **ÖPNV** Bahn bis Kreuztal (wo es allerdings keinen Bahnübergang gibt) oder Bus R 10 bis Kreuztal Liesewald (dann ein Stück zurück und zu Fuß durch die ziemlich lange Hüttenstraße) | **Öffnungszeiten** siehe Webseite | **Tipp** Das original Basico-Feeling stellt sich freitags (ab 21 Uhr) bei der Tango-Milonga und sonntags (ab 20 Uhr) bei der Salsa-Fiesta ein.

48 Die Dicke Buche von Krombach

Der knorrige Weggefährte

Besonders schön ist der Baum nicht unbedingt (was allerdings Geschmackssache ist) und verglichen mit anderen Bäumen (Ort 35) auch weder besonders alt noch hoch. Die Tatsache, dass dieser wurzelig-knorrige Waldveteran mit seinem grünen Moosüberzug so in die Breite gegangen ist (Umfang: circa 6,50 Meter, gemessen in einem Meter Höhe), weist aber auf seine bewegte Geschichte hin, in der er immer wieder behauen und freigelegt wurde. Wenn dieser holzige Geselle erzählen könnte, wer schon alles an ihm vorbeigelaufen, -geritten und -gefahren ist, dann würde er aus dem Reden gar nicht mehr herauskommen.

Die Dicke Buche von Krombach ist ein Grenzbaum und als solcher so ziemlich das Einzige im weiten Umkreis, was vom damaligen »Gebück« übrig geblieben ist. Das Gebück ist die Bepflanzung einer Landwehr, also jenes Walls, mit dem sich Landesherren einst von ihren Nachbarn abgrenzten. Die Seitenzweige der gepflanzten Bäume wurden nach unten gebogen (»gebückt«), miteinander verflochten und in den Boden gesteckt, wo sie neu austrieben und in der Folge ein undurchdringliches Dickicht bildeten. Ganz so gebückt war die Krombacher Buche dann irgendwann doch nicht mehr und blieb als respekteinflößende Instanz stehen, wo Ochsen- und Pferdekarren jahrzehntelang das Siegerländer Eisen transportierten.

Man geht davon aus, dass die Dicke Buche etwa 1795 gepflanzt wurde, was bedeuten würde, dass dieser Baum noch das Ende der mittelalterlichen Hohlwege miterlebt hat, die sich durch intensive Nutzung tief ins Gelände hineinfrästen. Kurz vor 1800 wurden Straßen dann zunehmend mit Steinen befestigt, die sich später zu Provinzial- und Bundesstraßen auswuchsen. Die Dicke Buche hat diese Entwicklungen aus nächster Nähe beobachtet, bedeutungsvoll dazu geschwiegen und unbeeindruckt weitergegrünt.

Adresse 300 Meter oberhalb vom Alten Heck, 57223 Kreuztal-Krombach | ÖPNV Bus R 10 bis Krombach Brauerei | Tipp Unterhalb vom Alten Heck liegt an der B 517 ein weiterer Titan: die Krombacher Brauerei mit ihrem 170.000 m² großen Gelände. Ein Besuch ist ausdrücklich erwünscht – vier verschiedene Besichtigungstouren sind buchbar (www.krombacher.de unter »Krombacher erleben«).

49 Dreslers Park

Italienische Renaissance am Verkehrsknotenpunkt

Wer einmal das Pech hat, zur Rushhour ins Zentrum von Kreuztal zu geraten, kann sich kaum vorstellen, dass sich dort, wo der Verkehr am nervenaufreibendsten ist, zugleich das größte Idyll der Stadt versteckt. Es verdankt sich der Fabrikantenfamilie Dresler, Eigentümerin des einstigen Drahtwalzwerks, die Ende des 19. Jahrhunderts ihren feudal anmutenden Wohnsitz errichtete, zu dem eine ausgedehnte Parkanlage gehört.

Das älteste Gebäude im Park ist die Weiße Villa, gebaut in der zweiten Hälfte der 1860er Jahre als Wohnhaus von Heinrich Adolf Dresler, dem sich 1882 aus Platznot die Gelbe Villa seines Bruders Wilhelm hinzugesellte. Beide Villen sind vom Baustil der italienischen Renaissance inspiriert, wobei sich die Weiße Villa eher schlicht und schnörkellos präsentiert, die Gelbe Villa hingegen filigran und verspielt, mit Gestaltungselementen, die an einen florentinischen Palazzo erinnern. Beide sind vornehm und herrschaftlich, dabei weit entfernt von dem, was man sich als Behausung eines Siegerländer Unternehmers vorstellen würde.

Der Park selbst, ein lauschiges Fleckchen mit alten Sträuchern und Bäumen, Bismarckeiche inklusive, wird von kurvenreichen Wegen durchzogen, und dort, wo man ein ehemaliges Fließgewässer vermutet, befindet sich der Rest eines mittelalterlichen Hohlwegs, des sogenannten »Siegener Weges«, der einstmals Siegen und Arnsberg verband. Auch die Wirtschaftsgebäude sind noch erhalten: das Kutscherhaus, in dem sich heute ein Restaurant befindet, der angrenzende Musikpavillon, in dem Familie Dresler bei gutem Wetter zu speisen pflegte, sowie die Remise, die inzwischen eine Kindertagesstätte beherbergt.

Wäre man gezwungen, unter den zahlreichen Rückzugsorten in Siegen-Wittgenstein einen zu benennen, der die Bezeichnung Refugium in besonderem Maße verdient, so wäre dieser Park am Rande des Verkehrswahnsinns vielleicht die Nummer eins.

Adresse Hagener Straße 22–30, 57223 Kreuztal | ÖPNV Bus R10 bis Kreuztal Waldstraße | Öffnungszeiten Park: jederzeit, Kutscherhaus: werktags 16.30–22 Uhr, am Wochenende 16.30–2 Uhr | Tipp Zum Publikumsmagneten wird der Park im Dez., wenn beim »Lichterglanz« Bäume, Sträucher und Gebäude stimmungsvoll illuminiert werden (www.weihnachtsmarkt.kreuztal.de).

50 Der Historische Hauberg Fellinghausen

Wo Siegerländer Herzen höherschlagen

Ganz so schnell gerät der Siegerländer nicht in Ekstase. Es gibt jedoch etwas, bei dem er aus dem Häuschen gerät (schon weil es außer Haus liegt), und das ist sein Hauberg: ein Waldgrundstück, das aus Eichen und Birken besteht, sich im Besitz einer Genossenschaft befindet und von seinen Eigentümern anteilig genutzt wird.

An und für sich gehört die Haubergswirtschaft in jene Zeit, als man den Wald noch zur Gewinnung von Brenn- und Kohlholz, die Eichenrinde zum Gerben von Tierhäuten und das Reisig zum Beheizen der Backhäuser verwendete. Etwa alle 20 Jahre wurde ein Teil des Haubergs abgehauen und nach der Bearbeitung des Bodens zwischen die wieder ausschlagenden Baumwurzeln (»Stubben«) Roggen oder Buchweizen gesät, die man dann später mit Sicheln erntete. Nach einer Schonzeit von vier bis acht Jahren wurden diese Flächen dann auch dem Vieh zur Verfügung gestellt.

Was früher im gesamten Siegerland zum täglichen Leben und Überleben gehörte, ist bis heute im allgemeinen Bewusstsein waldaffiner Siegerländer immer noch sehr präsent, wenn sich auch die früheren Nutzungsarten heute vor allem auf die Brennholzgewinnung beschränken. So geht der Siegerländer auch heute noch begeistert und mit vorfreudig geröteten Wangen in seinen Hauberg, um aus Reisig Schanzen zu binden und Lohe von der Eiche zu schälen.

Was das genau bedeutet, mit welchen Werkzeugen man arbeitet und was aus den Früchten der Arbeit wird, zeigt besonders schön der Historische Hauberg in Fellinghausen – kein Freilichtmuseum im herkömmlichen Sinne, sondern ein echter Hauberg, in dem noch sämtliche Tätigkeiten der Haubergswirtschaft traditionsgemäß durchgeführt werden. Unkundigen erklärt ein Haubergspfad, was hier das Jahr über passiert, so verständlich und gewinnend, dass man danach sogleich zu seinem Knipp greifen möchte, wenn man einen hat.

Adresse Ende Luisenstraße, 57223 Kreuztal-Fellinghausen (Parken auf dem Waldparkplatz »Brache«), www.fhhf.de | **ÖPNV** Bus R 10 bis Kreuztal P+R Bahnhof, R 50 bis Fellinghausen | **Öffnungszeiten** ganzjährig geöffnet | **Tipp** Am intensivsten lässt sich der Hauberg erleben, wenn man selbst anpackt. Förderverein und Waldgenossenschaft vermitteln gern den praktischen Umgang mit Knipp, Lohlöffel und Hainhacke, auch gruppenweise.

51 Der Kindelsbergturm

Weithin bekannt dank Hopfen und Malz

Jeder Biertrinker hat ihn schon einmal gesehen, wenn auch eher aus dem Augenwinkel, denn der Kindelsbergturm befindet sich auf jeder Bierflasche, die Krombach verlässt. Krombach ist ein Ortsteil von Kreuztal, und der Kindelsberg mit seinem Turm das Wahrzeichen der Stadt.

Der Berg ist mit 618 Meter Höhe die zweithöchste Erhebung Kreuztals und seit dem 19. Jahrhundert ein beliebtes Wanderziel. Mit Aufkommen der deutschen Wanderlust entstanden die ersten Aussichtstürme – aus Stein, Holz oder Eisen –, die zunächst noch vom Adel in Gestalt mittelalterlicher Warttürme errichtet wurden. Seinen Höhepunkt erreichte der Bau von Aussichtstürmen in der Kaiserzeit: Zur Verehrung von Reichskanzler Otto von Bismarck wurden im Deutschen Reich etwa 240 Bismarcktürme gebaut, an die sich die Kaisertürme anschlossen, zur Verherrlichung der besseren Tage deutscher Geschichte. Kreuztal baute ebenfalls: Die ersten Pläne zur Errichtung eines Turms auf dem Kindelsberg lagen 1896 vor, 1904 wurde der Grundstein gelegt, über dem mit Bruchsteinen fleißig weitergebaut wurde, wobei sämtliche Materialien mühsam mit Ochsen- und Pferdefuhrwerken herangekarrt und die Kosten in Höhe von 18.557,44 Reichsmark durch Spenden bestritten wurden.

Sehr viel billiger ist heute die Begehung des Turms, die Erwachsene putzige 50 Cent und Kinder ab sechs Jahre 30 Cent kostet. Bei gutem Wetter ist von der Aussichtsplattform in 20 Meter Höhe das Siebengebirge zu sehen, zumindest mit einem Fernglas, auch bei schlechtem Wetter gelingt der Blick in die Speisekarte der Raststätte, deren rustikale Atmosphäre man am besten nach einer Wanderung über den abwechslungsreichen Kindelsbergpfad genießt. Hat man erst den verträumten »Loher Weiher«, den Steinbruch »Am Witschenberg« und die Martinshardt mit Gipfelkreuz und -buch hinter sich gebracht, wirkt der hochprozentige Turmgeist des Gasthauses umso besser.

Adresse Rasthaus Kindelsberg 1, 57223 Kreuztal-Littfeld | ÖPNV R 10 bis Krombach Zimmerstraße (dann zu Fuß die Hagener Straße zurück und weiter über Stendenbacher Weg und Struthbornweg) | Öffnungszeiten entsprechen denen der Gaststätte: Di–Sa 10–23, So und Feiertage 9–22 Uhr | Tipp Warum nicht anschließend die zum Turm passende Brauerei besuchen? Siehe Tipp zu Ort 48!

52_Das Naturfreibad Zitzenbach

Gut versteckt und immer offen

Das Zitzenbachtal ist eines der ältesten besiedelten Täler des Siegerlands. Dies bezeugt der steinerne Keil einer Axt, der im Heimatmuseum Ferndorf ausgestellt ist. Datiert wird das Fundstück auf die Jungsteinzeit (2.500–1.800 v. Chr.), und man vermutet, dass damals Hirten vorübergehend im Tal siedelten. Offensichtlich wusste man schon früher, wo es sich gut aushalten lässt. Für die Eisenzeit ist im Zitzenbachtal durch entsprechende Funde das Wirken der Kelten nachgewiesen (circa 300 v. Chr.), die vermutlich herkamen, um Eisen zu gewinnen.

Rund 2.000 Jahre später, als sich die große Zeit der Erzgewinnung im Siegerland bereits ihrem Ende zuneigte, kam das Tal erneut ins Gespräch: Schulrektor Robert Flender trug sich mit dem Gedanken, die leibliche Ertüchtigung der Ferndorfer Jugend zu fördern, und so wurde 1927 mit Hilfe des freiwilligen Arbeitsdienstes ein Badeweiher gebaut, der im Laufe der Jahrzehnte immer weiter verbessert wurde und seit 2017 sogar ans Strom- und Telefonnetz angeschlossen ist.

Dennoch ist seine Ausstattung bis heute bescheiden, und das macht das Naturfreibad Zitzenbach zu einer Perle unter seinen komfortbetonten Konkurrenten, die auf dem Markt der Freizeitgestaltung um die Aufmerksamkeit der Wasserfreunde buhlen. Bescheidenheit ist aber nicht die einzige Tugend des sympathisch unspektakulären Gewässers. Löblich ist auch seine diskrete Zurückhaltung, denn das Bad ist herrlich abgelegen und deshalb: still (was freilich von den Badegästen abhängt). Wer in der Wohnsiedlung am Loher Weg zum ersten Mal auf den entsprechenden Wegweiser trifft und im Nussbaumweg auf holpriger Piste den bunten Bienengarten des Imkervereins passiert, kann sich kaum vorstellen, dass sich dahinter ein Freibad befinden soll. Durch seine schattige Lage inmitten von Bäumen ist es dort immer schön kühl, was in Zeiten des Klimawandels einen unschlagbaren Vorteil darstellt.

Adresse Parkplatz Ende Nussbaumweg, 57223 Kreuztal-Ferndorf, von dort den Waldweg hinunter | **ÖPNV** Bahn bis Kreuztal oder Bus R 10 bis Kreuztal P+R Bahnhof, R 11 bis Ferndorf Aherhammer, dann Fußweg: Zur Brüche, Zitzenbachstraße, Loher Weg und Nussbaumweg | **Öffnungszeiten** ganzjährig rund um die Uhr | **Tipp** Besonders toll: Vollmondnacht- und Winterbaden! In der »Eiszeit«: Schlittschuhlaufen!

53 Restaurant-Bar Fünf10

»All-inclusive« einmal anders

Das Besondere an diesem Restaurant will eigentlich nicht genannt werden, denn das Fünf10 zieht es vor, Inklusion zu *leben*, statt wortreich über sie zu reden. Behinderungen sind relativ, jeder hat seine eigenen, genauso wie Begabungen, und kein Handicap kann Menschen daran hindern, aktiv zu werden, was nicht nur Golfer bestätigen können.

Im Fünf10 arbeiten zu einem Großteil Menschen mit Handicap, in der Küche wie im Service. Das wäre es dann aber auch schon, was zu diesem Thema zu sagen wäre, denn das Fünf10 ist ein topmodernes Speiselokal mit allem, was zu einem stilvollen Gastronomiebetrieb gehört, und weit davon entfernt, an karitative Einrichtungen zu erinnern. Das rote Herz der Arbeiterwohlfahrt, des Inhabers vom Fünf10, sucht man vergeblich – es hat sich in ein grünes Herz verwandelt, das zusammen mit dem Slogan »Von Herzen willkommen« seine Gäste begrüßt. Tagsüber Speiselokal, abends Bar, befindet sich das Fünf10 seit Januar 2020 in den Räumlichkeiten des Kreuztaler Bahnhofs, der damit der einzige im gesamten Kreisgebiet ist, welcher noch beziehungsweise wieder über eine anständige Bewirtschaftung verfügt.

Die Inneneinrichtung des Lokals mit seinen 127 Sitzgelegenheiten samt Tresen, Lounge und Kamin ist zeitgemäß chic. An vergangene Dampflokzeiten erinnern neben den spitz zulaufenden Fensterbögen nur noch zwei gusseiserne Stützpfeiler im Gründerzeitstil, die in das Ambiente der ehemaligen Bahnhofshallen geschickt integriert sind. Ansonsten wurde bei der Gestaltung auf zurückhaltendes, klassisches Design Wert gelegt, bei dem vorwiegend Naturmaterialien wie Holz und Stein zum Einsatz kamen. Dass am Innenausbau des Restaurants ausschließlich heimische Unternehmen beteiligt waren, viele davon als Sponsoren, weist auf ein weiteres Anliegen des Fünf10 hin, auf das der Nachhaltigkeit. Was hier verzehrt wird, kommt aus der Region und wurde nicht um den halben Globus geflogen.

Adresse Bahnhofstraße 11, 57223 Kreuztal, Tel. 0160/3697048, www.restaurant-bar-fuenf10.de | **ÖPNV** Bus R10 bis Kreuztal P+R Bahnhof | **Öffnungszeiten** Mo–Do 9–16 Uhr, Fr, Sa 9–3 Uhr | **Tipp** Ganz neu ist der Biergarten des Fünf10, der direkt vorm Bahnhofsgebäude bis zu 60 durstige Kehlen versorgt, allerdings »nur« bis 22 Uhr.

54 Die Schlossküche von Junkernhees

Wirtschaftsraumtraum im Kellergeschoss

Gut erhaltene Küchen aus der Renaissancezeit sind nicht eben häufig, was unter anderem an ihren Feuerstellen liegt, von denen früher gern mal ein Funke auf die Umgebung übergriff, um bei dieser Gelegenheit gleich das ganze Gebäude samt Nachbarschaft niederzubrennen. Schloss Junkernhees blieb dieses Schicksal glücklicherweise erspart und kann sich rühmen, zu den wenigen Adelsbauten zu gehören, die noch über ihre unveränderte historische Raumstruktur verfügen.

1513 von Ritter Adam von und zu Hees begonnen und 1523 weitestgehend fertiggestellt, wurde die bruchsteinerne Burg Ende des 17. Jahrhunderts umgebaut und um einen Aufbau ergänzt, dessen repräsentativer Fachwerkgiebel heute noch jeden für sich einnimmt, der von Kreuztal Richtung Freudenberg fährt. In der Spitze des Prachtgiebels: die kronenverzierten Initialen des neuen Schlossbesitzers, Junker Dietrich Wilhelm von Syberg. Darunter: ein fünfspeichiges Rad und der »Nachname« des Hausherrn sowie die Jahreszahl 1698, die den Abschluss der Umbauarbeiten bezeichnet. Im Zentrum des Giebels: eine vergleichsweise unscheinbare Marienfigur, an der sich Sybergs Konfessionszugehörigkeit ablesen lässt.

Nichts ahnend von außen kommend, betritt der Besucher im Inneren durch eine wuchtige Eichentür treppabwärts den ältesten Teil des Schlosses, die schummrige Küche, deren großzügige Arbeitsflächen jeden Koch vor Neid erblassen lassen: über der ausladenden Feuerstelle ein voluminöser Rauchfang, in den seitlich der Abzug einer benachbarten Räucherkammer mündet, die Decke des hallenartig hohen Raumes von schwerem Gebälk durchzogen, der Großteil des Fußbodens gepflastert aus unverwüstlichem Grauwackenstein in Fischgrätmuster. An einem solchen Ort lässt sich Wild nicht nur fabelhaft zubereiten, sondern vorher auch zerlegen, und welches Schloss kann so etwas von seinen Räumlichkeiten schon behaupten?

Adresse Heesstraße 202, 57223 Kreuztal-Junkernhees, Tel. 0151/11623135, www.schloss-junkernhees.de | ÖPNV Bus R 10 bis Kreuztal P+R Bahnhof, R 50 bis Junkernhees Ort | Öffnungszeiten unterschiedlich, siehe Webseite | Tipp Schön wandern mit grünen Aussichten ins Berghäuser Tal lässt es sich rund um den nahe gelegenen Golfclub Siegerland (Zufahrt über Mittelhees, wo sich am Dorfteich ein niedlicher Fachwerkbackes befindet).

55_Tosch Genusshütte

Wo Männerherzen höherschlagen …

… und es sogar Frauen aushalten! – Angefangen hat das Ganze, als Tobias Scheffe (kurz: Tosch) sich für seine selbst geschnitzten Pfeifen eigene Tabakmischungen zusammenstellte, in deren Genuss dann bald auch andere kamen. Zum einen Genuss gesellte sich der nächste, bis der Bauchladen irgendwann nicht mehr ausreichte und eine größere Räumlichkeit unausweichlich wurde. Sie befindet sich in Kredenbach, wo Tosch auf 70 Quadratmetern sein kleines Genuss-Eldorado verwirklichte, in dem es nichts gibt, was der Hut und Rauschebart tragende Vollblutimker (mit immerhin 20 Bienenvölkern) nicht selbst kennt und gut findet. Leidenschaft nennt man diese Herangehensweise.

In der Mitte des Ladens drei Birkenstämme und ein Holzofen, in dem es zur kalten Jahreszeit wohnlich knistert, an der Wand ein verwittertes Motorrad mit Flugrostpatina, die Decke verziert mit einem Geschwader von Wabenrahmen und dem hölzernen Gerüst eines Kanus, darunter rustikale Tisch und Bänke. Die Genusshütte ist nämlich nicht nur Laden, sondern auch Treffpunkt, an dem man sich bei einem zischenden Spezialbier oder wohltemperierten Glas Rotwein im Fachsimpeln über die Deckblätter von Zigarren, das Potenzial von Whiskys und die Vorzüge handgeschmiedeter Bratpfannen ergehen kann. Quer durch den lichtdurchfluteten Raum in Haubergästhetik spannt sich eine Schnur mit getrockneten Tabakblättern, in deren Schatten sich eine stattliche Kollektion ungewöhnlicher Spirituosen, kerniger Seifen, altbewährter Rasierutensilien und heimischer Honigsorten angesiedelt hat.

Wer mit weltlichen Genüssen wie Alkohol und Nikotin auf Kriegsfuß steht, kauft bei Tosch Eier aus Kredenbach (die man aber, je nach Saison, vorbestellen muss), Kaffee aus Seelbach (Ort 94) oder lässt sich vom aufgeschlossenen Hausherrn erklären, wie man in seinem Garten ein Insektenhotel eröffnet. Der Mann ist ja schließlich vielseitig.

Adresse Altlohe 1, 57223 Kreuztal-Kredenbach, Tel. 02732/8898700, www.tosch-genusshuette.de | **ÖPNV** Bahn bis Kredenbach oder Bus R 10 bis Kreuztal P+R Bahnhof, R 11 bis Kredenbach B 508 | **Öffnungszeiten** Do – Fr 16.08 – 20.03 Uhr, Sa 10.08 – 14.03 Uhr | **Tipp** In der Genusshütte werden regelmäßig Biere, Whiskys, Schokoladen, Steaks und Texte verkostet, die Räumlichkeit ist auch privat buchbar.

56 Der Wasserspielplatz an der Zitzenbachstraße

Kinderträume analog

Wo Wasser ist, da ist Leben. Besonders lebendig geht es bei sommerlichen Temperaturen auf dem Ferndorfer Wasserspielplatz an der Zitzenbachstraße zu, wenn sich zum Wochenende die Grünflächen und Bachufer mit Kind und Kegel füllen. Manche Familien kommen bereits am frühen Morgen, um, ausgerüstet mit Decken und Picknickutensilien, den ganzen Tag zu bleiben, andere beschränken sich auf Handtücher und Badeklamotten, denn wer hier auftaucht, will nicht nur schaukeln, rutschen, wippen oder im beschaulichen Sandkasten mit Förmchen spielen. Das kann er schließlich anderswo auch. Wer diesen speziellen Spielplatz besucht, will in den Gestaden der Zitzenbach im Rahmen ordentlicher Wasserschlachten Schiffe kentern lassen, aus Wackersteinen Staudämme bauen und sich an den matschigen Stellen des Spielplatzgewässers nach Lust und Laune einsauen.

Das Zentrum des Spielplatzes bildet neben der Zitzenbach ein Bolzplatz, an dem sich die wasserscheuen Vertreter der kindlichen Bevölkerung austoben können, während sich die Feinmotoriker an den rustikalen Klettergeräten versuchen, unter denen dann auch Sand vorhanden ist. Förmchen sucht man jedoch vergeblich. Natürlich gibt es auch auf diesem Spielplatz genug zum Schaukeln, Rutschen und Wippen, mit dem kleinen Unterschied, dass die Atmosphäre dieser Lokalität eher der eines turbulenten Freizeitbades als jener eines possierlichen Kinderspielplatzes ähnelt. Zwar gibt es keinen Bademeister, der unvorsichtige Kinder aus den Untiefen der Zitzenbach retten würde, und auch keinen Kiosk, in dem dieselben sinnlos ihr Taschengeld auf den Kopf hauen könnten. Doch spätestens wenn in der Zitzenbachstraße der Eiswagen auftaucht, ist die Kinderwelt wieder in Ordnung, und nach einer kurzen Unterbrechung kann die Wasserschlacht weitergehen. Dann vielleicht unter Einbeziehung der Erziehungsberechtigten.

Adresse Zitzenbachstraße, 57223 Kreuztal-Ferndorf | **ÖPNV** Bahn bis Kreuztal oder Bus R 10 bis Kreuztal PR Bahnhof, R 11 bis Ferndorf Aherhammer | **Öffnungszeiten** ganzjährig ganztägig | **Tipp** Gut kombinierbar, weil naheliegend: ein Besuch des Naturfreibads Zitzenbach (Ort 52), etwas oberhalb des Spielplatzes.

57__Die Alte Burg

Götterberg mit Spitzenblick

Wie lange dort oben schon keine Burg mehr steht, ist nicht bekannt. Ziemlich sicher ist jedoch, dass sich auf der 633 Meter hohen Bergkuppe südöstlich von Afholderbach um etwa 200 v. Chr. eine keltische Fliehburg befand. Fliehburgen dienten der Bevölkerung, etwa Bauern, Köhlern, Schmieden, als Rückzugsort im Krieg, weshalb sie meist von Schutzwällen umgeben waren, die sich hier oben noch gut erkennen lassen.

Wall Nummer 1, der äußere, hat eine Länge von 1,1 Kilometern, Wall Nummer 2, der innere, misst 680 Meter. Beide Wälle, geschickt in die Landschaft eingepasst, umfassen die ovale Bergkuppe wie zwei Ringe, und so entstand vor mehr als 2.000 Jahren ein 9,5 Hektar großes Befestigungssystem, auf dessen Gelände im Krisenfall gut 1.000 Menschen mitsamt Vieh Platz fanden.

Dass die Alte Burg gut an die damaligen Verkehrswege angebunden war, legt nahe, sie sich als stadtartige Anlage mit Dauerbewohnern vorzustellen, und da bei den Kelten hohe Berge als Sitz der Götter galten, ist es ebenso wahrscheinlich, dass die Burg zugleich Kult- und Versammlungsstätte war. Und damit treten die Druiden, die keltischen Priester, auf den Plan, die für die religiösen Zeremonien, aber auch für die Rechtsprechung verantwortlich waren, als Berater und Wahrsager fungierten, aber auch über medizinische Kenntnisse verfügten. Schon Cäsar wusste zu berichten, dass der Kult und religiöse Vorschriften bei den Kelten eine große Rolle spielten, und so darf der Wanderer den Götterberg bei Afholderbach in seiner Phantasie durchaus mit ein paar geheimnisvollen Zaubergestalten aus ferner Vorzeit bevölkern.

Göttlich ist bis heute die Aussicht, besonders südwestlich unterhalb der Alten Burg, wo der Scharn eines der schönsten Panoramen des Siegerlands zu bieten hat. Hier befindet sich zugleich die am heftigsten umkämpfte Ruhebank des Kreises, mit Traumblick aufs Blaugrau der Obernautalsperre.

Adresse Alte-Burg-Straße, 57250 Netphen-Eschenbach (Parken im Dorf und dann dem Keltenweg aufwärts folgen) | ÖPNV Bus R27 bis Eschenbach Ort | Tipp In Eschenbach befindet sich der alte Gasthof Weber, wo man im Anschluss an die Wanderung futtern und günstig übernachten kann (www.gasthofweber.de).

58 Bi Krämersch

Ultimative Dorfkneipe mit Vorzeigewirt

Ultimativ ist das »Krämersch« schon allein deshalb, weil es richtige Dorfkneipen heute so gut wie nirgends mehr gibt. Landgasthöfe und Restaurants im Landhaus-Look zählen da nicht mit. Auch wenn die Häuser im Siegerland häufig nach ihren einstigen Besitzern benannt werden, geht man in Walpersdorf auf ein Bierchen schlichtweg zu Meiswinkels Paul, der im Krämersch die alles beherrschende Persönlichkeit hinterm Tresen ist: ein Mann wie ein Bär, von altem Schrot und Korn, mit ausladendem Schnauzbart und ebensolchem Lachen, obligatorischem Bleistift hinterm Ohr (für die Striche auf dem Bierdeckel) und schelmisch funkelnden Augen, die von seinem unschlagbaren Sinn für Humor herrühren. Doch Vorsicht, wenn »der Hoscha-Paul« vom Zapfhahn aus eine Anekdote erzählt oder einen Witz zum Besten gibt. Wer nicht gut Walberschdorfer Platt versteht, das dieser Kerl noch ebenso fließend wie ausschließlich spricht, dem kann es passieren, dass ihm die besten Stellen durch die Lappen gehen.

Gebaut wurde das Krämersch um 1750, und genau so lange leben hier auch schon die Meiswinkels. Früher befand sich im Gebäude eine Bäckerei mit Krämerladen (daher: Krämersch), und viele Jahre betrieb Paul Meiswinkel im Haus mit seiner Frau Brigitte die Pension »St. Hubertus«. Inzwischen lassen es die beiden Ruheständler etwas langsamer angehen und begnügen sich mit ihrer gemütlichen Schankstube, wo – ruhestandsgemäß – noch dreimal die Woche das Bier fließt. Gegen den Hunger, der sich beim Zechen unweigerlich einstellt, helfen Strammer Max sowie Hausmacher Wurst- und Schinkenplatten.

Andere Rentner nutzen ihre freie Zeit, um mit Sturzhelm und E-Bike die Welt zu erkunden. Für Meiswinkels Paul ist das nichts. Der stapft lieber mit Latzhose und Gummistiefeln ins Gelände und macht Kohle. Drei kleine Meiler mit je 20 Holzmetern müssen für den Ruhestand aber genügen – man ist ja nicht mehr der Jüngste.

Adresse St.-Hubertus-Straße 1, 57250 Netphen-Walpersdorf, Tel. 02737/3638 | **ÖPNV** Bus R 16 bis Deuz Ortsmitte, L 167 bis Walpersdorf Kirche | **Öffnungszeiten** Mi, Fr ab 18.30 Uhr, So ab 10 Uhr | **Tipp** Brigitte Meiswinkel lässt sich bisweilen überreden, für hungrige Wanderer die Pfanne anzuheizen, was aber telefonisch abzuklären wäre. Im März vorher unbedingt noch bei den Märzenbecherwiesen vorbeischauen (Ort 66)!

59__Der erste Motor-Omnibus der Welt

Linienverkehr im Kutschen-Look

Hier begann mit großen Mühen, was heute in jeder Stadt eine Selbstverständlichkeit ist: Am 18. März 1895 nahm auf Betreiben der Netphener Omnibusgesellschaft in dem kleinen Dörfchen Deuz die erste motorisierte Omnibuslinie der Welt ihren Dienst auf. Am Start: Fahrer Karl Otto aus dem benachbarten Nauholz sowie ein 4,10 Meter langes und 2,25 Meter breites Fahrzeug der Firma Benz aus Mannheim, dessen Kutschenform stark an den damals verbreiteten Landauer erinnerte, im Heck jedoch über einen eingebauten Ein-Zylinder-Motor verfügte, der fünf Pferdestärken zustande brachte und seine Leistung durch Ketten auf die Hinterräder übertrug. Die Fenster des Gefährts waren verglast, und sogar eine Heizung war vorhanden, sodass sich die sechs Passagiere der Kabine (zwei weitere fanden vorne auf dem Führerstand Platz) auf eine verhältnismäßig komfortable Fahrt freuen konnten, die 70 Pfennig kostete.

Geplant waren vier Fahrten pro Tag, wobei der Bus für die 15 Kilometer von Deuz nach Siegen etwa eine Stunde und 20 Minuten benötigte. Doch aller Anfang ist schwer, und so wurde wegen schwieriger Wegverhältnisse und technischer Probleme bald die Anschaffung eines Ersatzfahrzeugs erforderlich. Letztlich scheint das motorisierte Pendeln zwischen Deuz und Siegen aber nicht allzu viel Freude ausgelöst zu haben, am wenigsten an Steigungen, wo die Besatzung nicht selten aussteigen musste, um den arg geschundenen Motor zu entlasten. So wurde das Pionierprojekt nach einer Testphase von nicht einmal einem Jahr wieder eingestellt.

Benz nahm die beiden Fahrzeuge wieder zurück, über deren Verbleib nichts bekannt ist, weshalb es am alten Bahnhof von Deuz heute einen detailgetreuen Nachbau der Firma Irle zu bestaunen gibt, der in seinem Glaskasten vor allem nach Einbruch der Dunkelheit und dann in beleuchtetem Zustand imponiert.

Adresse Alter Bahnhof Deuz, Albert-Irle-Straße 12, 57250 Netphen-Deuz | **ÖPNV** Bus R16 bis Deuz Ortsmitte | **Tipp** Hinterm Omnibus steht vorm Bahnhof ein historischer Eisenbahnwaggon, in dem sonntags ab 17.30 Uhr ein Dämmerschoppen stattfindet. Wer sich zuvor sportlich betätigen will, begibt sich auf den Zugangsweg zum Rothaarsteig, der hinter den Gleisen rechts seinen Aufstieg zur Lahnquelle nimmt (Aufstiegsdauer: circa zwei Stunden).

60 Das Forsthaus Hohenroth

Lieblingsort im Quellgebiet

Weitab vom Schuss lag es schon immer und war doch stets eine beliebte Anlaufstelle. Seit den 1930er Jahren beherbergt das Forsthaus Hohenroth eine kleine Gaststätte, die gern von Händlern, Fuhrleuten, Holzarbeitern und Reisenden, später von Ausflüglern aufgesucht wurde. Seine Attraktivität hat es bis heute nicht eingebüßt, was sich nicht zuletzt seinem Standort verdankt.

Zum einen ist das fast 100 Jahre alte Forsthaus das höchstgelegene bewohnte Haus im Siegerland, über dessen exponierte Lage sich insbesondere die Gäste der Ferienwohnung im ersten Stock freuen. Zum andern entspringen um die Ecke gleich vier Bäche: die Benfe im Osten, der Nauholzbach im Südosten, die Obernau im Westen, welche die gleichnamige Talsperre mit Wasser versorgt, sowie die Netphe im Nordwesten, über deren Quellwasser sich im angrenzenden Gehege das Rot- und mesopotamische Damwild freut. Doch damit nicht genug: Einen guten Kilometer östlich liegt die Quelle der Eder, nicht weit davon auch der geometrische Mittelpunkt des Kreises Siegen-Wittgenstein. Außerdem kreuzen sich nahe beim Forsthaus zwei alte Verkehrswege, die Kohlen- und die Eisenstraße. Wen wundert es da, dass das Forsthaus bis heute trotz seiner einsamen Lage ein Art Zentrum geblieben ist, das mit zahlreichen Möglichkeiten intensiven Naturerlebens aufwartet.

Im Waldinformationszentrum mit wechselnden Ausstellungen finden Vorträge und Seminare statt, deren Vielfalt und thematische Bandbreite erstaunlich sind. Der am Forsthaus beginnende Seelenpfad schlängelt sich durch eine 60 Hektar große unbewirtschaftete Fläche und führt den Besucher in die ruhige, kraftvolle Seele des Waldes, während der Kyrillpfad die ungestümen Kräfte des Orkans begehbar macht. Kulinarischer geht es im Café Waldland zu, das den willkommenen Zielpunkt für zahllose Wanderaktivitäten bildet, die rund um das Forsthaus ihren Anfang nehmen. Manchmal liegen Zentren eben ganz weit draußen.

Adresse Forsthaus Hohenroth, 57250 Netphen, www.waldland-hohenroth.de | **Öffnungszeiten** Fr–So und feiertags 14–18 Uhr, auf Anfrage für Gruppen auch außerhalb der regulären Öffnungszeiten | **Tipp** Hinter dem Waldinformationszentrum (früher Stallgebäude) befindet sich eine Anpflanzung von rund 70 Eichen- und 100 Wildobstsorten, die nicht nur Dendrologen begeistert.

61 Gasthaus Klein

Spitzenfachwerk mit Säbelhieb

Das Gasthaus Klein in Deuz ist in mehrfacher Hinsicht bemerkenswert. 1768 erbaut, gehörte das Fachwerkhaus mit gut 20 Meter Länge und zehn Meter Breite schon damals zu den Attraktionen der Region, für dessen Besichtigung ein neugieriger Siegener schon mal einen mehrstündigen Fußmarsch in Kauf nahm. Dabei wäre der »Almes« (so der Hausname) sehr viel bescheidener ausgefallen und würde heute vielleicht gar nicht mehr existieren, hätte sein Erbauer Johann Franz Klein den Rat des Grafen Johann Ludwig zu Sayn-Wittgenstein-Hohenstein in den Wind geschlagen.

Der kam eines Tages vorbeigeritten, als Klein mit Instandsetzungsarbeiten beschäftigt war, und riet ihm, doch gleich neu zu bauen, statt notdürftig auszubessern. Das zum Neubau nötige Eichenholz stellte Johann Ludwig, und möglicherweise war der Graf, der als geschickter Handwerker und Zimmermann bekannt war, auch selbst am Bau beteiligt. »Er trug und hob für zwei«, weiß 200 Jahre später der Chronist Friedrich Wilhelm Goebel über den tatkräftigen Grafen zu berichten, auf den auch die Umgestaltung des Schlosses Wittgenstein in Laasphe zurückgeht.

Spuren ganz anderer Tatkraft sind im Inneren des Gebäudes sichtbar, die aus der Zeit der Napoleonischen Kriege stammen. Als Preußen im Jahre 1813 mit Russland gegen Frankreich zu Felde zog, gelangten auch russische Kosaken nach Deuz, von denen es sich einige in der guten Stube von »Almeses Bierzäpper« so gut gehen ließen, dass das Temperament mit ihnen durchging. Seitdem fehlt dem Stützpfeiler in der heutigen Gaststube ein Stück Kante – dank des schwungvollen Einsatzes ihrer Säbel.

Sehr viel weniger Schwung hatte der erste motorisierte Omnibus (Ort 59), der 80 Jahre später regelmäßig von Deuz nach Siegen fahren sollte, mit Start »bi Almes«. Linie und Haltestelle verschwanden rasch, nicht aber das Gasthaus Klein als eine der ersten kulinarischen Adressen der Region.

Adresse Marburger Straße 7, 57250 Netphen-Deuz, Tel. 02737/59330, www.gasthaus-klein-deuz.de | ÖPNV Bus R 16 bis Deuz Ortsmitte | Öffnungszeiten Mi–So ab 11 Uhr, Küche 12–14 und 18–21.30 Uhr, zwischen 14 und 18 Uhr Kaffee und Kuchen | Tipp Mit dem Besuch gut zu verbinden: die Nenkersdorfer Mühle (Ort 67) und der Walpersdorfer Kohlenmeiler (Ort 64)!

62 Das Gefrierhaus in Beienbach

Gemeinsam unter null

Die Beienbacher können sich rühmen, das klimaneutralste Brot Deutschlands zu backen. Denn der Roggen kommt aus Beienbach, gedroschen wird in Beienbach, und gereinigt, gelagert und gemahlen natürlich auch.

Beienbach liegt zwischen Netphen und Deuz in einem Seitental der Sieg, wo es am Katzenbach als einziges Dorf der Talmulde den Umstand genießt, dass hier keine wahnsinnigen Autofahrer durchbrettern. Wer nach Beienbach fährt, der will nach Beienbach, und die rund 350 Einwohner leben hier Gerüchten zufolge so gern, dass selbst Uni-Absolventen, statt ins ewig hippe Berlin abzuwandern, lieber wieder in ihre Heimat zurückkehren.

Unter den vermutlich vielen Gründen für diese Entscheidung wären vier zu nennen, die für sich genommen schon besonders sind, womit wir wieder beim Brot wären: Beienbach hat einen historischen Dreschschuppen, eine eigene Mühle, ein eigenes Backhaus (den sogenannten Backes) und ein eigenes Gefrierhaus, in dem die Gefriergemeinschaft des Dorfes (ein eingetragener Verein) bei –21 °C den nicht unerheblichen Teil ihres Brots aufbewahrt. Etwa zweimal pro Monat wird im Backes gebacken, und bei 40 Kilo Sauerteig aus Roggenmehl kommen schon allerlei Laibe zusammen, die nicht alle sofort verzehrt oder an Nachbarn und Freunde weitergegeben werden können.

Für das angestaute Backwerk, die Erzeugnisse aus dem eigenen Garten und die Jagdbeute aus heimischen Wäldern gibt es im Gefrierhaus 32 Fächer, die alle dauerhaft vermietet sind, denn die Kosten für die Lebensmittelaufbewahrung im Gemeinschaftsgefrierhaus sind immer noch niedriger als die für die private Tiefkühltruhe. Diese Erkenntnis scheint sich aber nicht herumgesprochen zu haben, und so ist das Gefrierhaus der Beienbacher das einzige seiner Art im gesamten Kreis und eines der wenigen in Deutschland.

Adresse Ortsmitte, Ecke Schellenbergstraße/Auf dem Stück, 57250 Netphen-Beienbach | ÖPNV Bus R 16 bis Netphen Rathaus, L 165 bis Beienbach Ringstraße | Öffnungszeiten keine reguläre Besichtigung möglich, Infos erteilt Stephan Küthe unter Tel. 0160/5859474 | Tipp Interessant sind dic Dorfaktivitäten, insbesondere alles, was mit der Nutzung des Backes zu tun hat, worüber das Jahresprogramm auf www.beienbach.de informiert.

63 Die Gerberei Jüngst

Fellmacherkunst wie zu Großvaters Zeiten

Nähert man sich dem alten Fachwerkhaus von der Hauptstraße, kann man die gestapelten Erzeugnisse schon durchs Fenster erkennen. In diesem Haus betreibt Theo Jüngst nun schon in der dritten Generation sein Handwerk. Die Tür ist angelehnt, sodass man zu den Öffnungszeiten eintreten kann, ohne vorher zu klingeln. Wer jedoch erwartet, nun ein hübsches Lädchen mit manierlicher Auslegeware zu betreten, der sieht sich getäuscht, denn auf dem Boden liegt zunächst einmal ein Stapel mit Rohfellen, die zu Konservierungszwecken eingesalzen wurden und an der Unterseite noch blutig glänzen.

Hinter dem Stapel wird es dann feucht, denn wir befinden uns in der »Wasserwerkstatt« der Gerberei. Die Felle werden zunächst in Holzfässern gründlich gewaschen. Danach kann das Fell dann entfleischt werden, was nötig ist, damit später der Gerbstoff ins Leder eindringen kann. Bei Theo Jüngst wird dieser Arbeitsschritt noch in Handarbeit am Gerberbaum durchgeführt.

Das Gerben selbst geschieht in einer mannshohen Holztrommel, die noch von Vater Jüngst eingebaut wurde. In diesem imposanten Eichenkoloss drehen sich die Felle bei langsamer Geschwindigkeit zwei Tage lang, wodurch das Leder gleichmäßig durchgegerbt und dadurch haltbar gemacht wird. Sind die Fälle gewässert, wandern sie einen Stock höher in den Trockenbereich, den man gleich am Eingang über eine knarrende Holztreppe erreicht. Bis sie im kleinen Verkaufsraum nebenan weich und flauschig im Regal liegen, durchlaufen sie noch eine ganze Reihe von Stationen, werden gestollt, geschliffen, geläutert, geschoren, gebügelt und gefalzt. Erst dann sehen die Felle so gepflegt aus, wie man sie liebt.

Die Tatsache, dass der Weg bis dahin so mühsam und aufwendig ist, dürfte wohl mit der Grund dafür sein, dass die Gerberei Jüngst heute zu den letzten Fellgerbereien Deutschlands gehört und inzwischen die einzig verbliebene im Siegerland ist.

Adresse Alte-Burg-Straße 5, 57250 Netphen-Eschenbach, Tel. 02738/4733, www.gerberei-juengst.de | **ÖPNV** Bus R27 bis Eschenbach Ort | **Öffnungszeiten** telefonisch zu erfragen oder auf der Webseite ersichtlich | **Tipp** Mit dem Besuch gut zu verbinden ist eine Wanderung über den Keltenweg hoch zur Alten Burg (Ort 57), wo traumhafte Aussichten warten.

64 Der Kohlenmeiler von Walpersdorf

Geballte Kraft aus Haubergsholz

Es gibt kaum einen Auto- oder Fahrradfahrer, der bei seiner Fahrt von Deuz nach Laasphe nicht gespannt darauf ist, was der Kohlenmeiler hinter Walpersdorf gerade so macht. Dampft er schon, oder wird er gerade erst aufgeschichtet?

»Der« Kohlenmeiler (eigentlich sind es zwei) steht unweit der L 719, die sich in Serpentinen den Berg hinaufschlängelt. Hier betreibt die Familie von Bruno Wagener in der inzwischen achten Generation ihr Handwerk, welches von den Altvordern bis Anfang der 1970er Jahre noch hauptberuflich ausgeübt wurde. Damals gab es im Siegerland noch genügend Metallverarbeitungsbetriebe, die auf die Belieferung mit Holzkohle angewiesen waren. Als die Hochöfen dann jedoch nach und nach verschwanden und das Erdgas als Energiequelle seinen Siegeszug antrat, war die Zeit der Haupterwerbs-Köhlerei vorbei. Was blieb, war die Grillkohle sowie die unauflösbare Verbundenheit mit einer Tradition, bei der die eigene Körperkraft noch ganz unmittelbar und spürbar mit der Herstellung dessen verbunden ist, was der Mensch zum Leben benötigt. Der ungebrochene Reiz des Grillens hat vielleicht viel damit zu tun, denn in der Glut schimmert wehmütig die Erinnerung an die alten Tage, als die Versorgung mit Nahrung noch ganz archaisch Muskel- und Männersache war.

Wie dem auch sei, Wageners handgemachte Kohle aus nachhaltig gewachsenem Haubergsholz ist bis auf den heutigen Tag käuflich zu erwerben, beim Hersteller selbst, aber auch, wenn man in Siegen, kurz vor Weidenau, mal schnell zum Tanken fährt. Unweit der Zapfsäulen und Chipstüten steht garantiert ein Sack Wagener-Kohle. Insider berichten, dass sie beim Glühen besser riecht und länger brennt als die anonyme Billigkohle aus dem Supermarkt. *Schöner* brennt sie auf jeden Fall, denn wir waren ja schließlich dabei, als sie dampfend zu dem wurde, was sie ist.

Adresse von Netphen kommend hinter Walpersdorf links an der L 719, 57250 Netphen-Walpersdorf | **ÖPNV** Bus R 16 bis Deuz Ortsmitte, L 167 bis Walpersdorf Martinstraße | **Tipp** Direkt am Meiler beginnt Reinhold Wageners Köhlerpfad, der über Schautafeln am Wegesrand Wissenswertes über die Entstehung der Holzkohle und die Geschichte des Köhlerhandwerks vermittelt.

65 Die lange Bank von Hermedeiche

Gruppensitz beim Wetterhahn

Nur selten ist man, wo es am schönsten ist, allein, und fast immer sitzt dort schon jemand – natürlich mittig – auf einer Bank. Den will man nur ungern stören und zur Seite drängen. Dieses Problem gibt es bei der langen Bank von Irmgarteichen (einheimisch vernuschelt: »Hermedeiche«) nicht. Mit ihren gut 13 Meter Länge bietet das sonnengelb gestrichene Sitzmöbel Platz für eine Gruppe von etwa 22 Wanderern von normaler Statur, die vom 513 Meter hoch gelegenen Pfarrberg, gemütlich und mit einem Getränk ausgerüstet, auf ein herrliches Panorama aus bewaldeten Höhenrücken in der Ferne und geschiefertem Dorfidyll in der Nähe blicken können.

Dabei befindet sich ein Detail, das einst zur Dorfsilhouette gehörte, heute gleich zur Rechten des Wanderers. Als im Jahre 1972 das barocke Turmkreuz der Pfarrkirche St. Cäcilia durch ein witterungsbeständigeres aus Edelstahl ausgetauscht wurde, geriet das rund 300 Jahre alte Kreuz mitsamt seinem betagten Wetterhahn zunächst in Vergessenheit, tauchte aber bei Renovierungsarbeiten am Pfarrhaus wieder auf. Seit 2014 steht es nun, restauriert und mit neuem Unterbau versehen, direkt neben der langen Bank, sodass der rastende Wanderer jetzt von Kirchturmspitze zu Kirchturmspitze schauen kann.

So schön es auch ist, auf der Sonnen*bank* zu sitzen – irgendwann möchte man weiter, nämlich auf den Sonnen*weg*, einen äußerst attraktiven Wanderpfad, der auf 13,5 Kilometer Länge über offene Weiten unter hohem Himmel und schattige Waldwege am Rothaarsteig um die Dörfer Irmgarteichen und Hainchen führt. Länger verweilen sollte man unbedingt bei der orchideengeblümten Gernsdorfer Weidekämpe (Ort 108), die am Wegesrand liegt, und der Wasserburg Hainchen (Ort 69), mit der man gut zwei Drittel seines Rundwegs geschafft hat. Liebhaber von Siegerländer Fabelwesen nehmen zusätzlich den 2,9 Kilometer langen Dilldappenweg mit.

Adresse oberhalb des Friedhofs den Kreuzweg entlang, vorbei am Grillplatz zum Heiligenhäuschen, 57250 Netphen-Irmgarteichen | **ÖPNV** Bus R16 bis Irmgarteichen Kirche | **Tipp** Beachtenswert ist in Irmgarteichen die kulinarische Doppelspitze der alteingesessenen Gasthäuser Ley (www.gasthof-ley.de) und Jokebes (www.gasthof-jokebes.de), wo sich nicht nur zünftig speisen, sondern auch übernachten lässt.

66 Die Märzenbecherwiesen von Walpersdorf

Frühlingsboten im Feuchtgebiet

Märzenbecher lieben nährstoffreiche Ton- und Lehmböden mit mäßigem Säuregehalt, benötigen nicht viel Sonne und haben es gern feucht. Von daher ist die Entscheidung der Walpersdorfer Märzenbecher wenig verwunderlich, sich bachnah und in einem ausgesprochenen Quellgebiet breitzumachen: Zum Dorf hin fließen der Michel- und der Sindernbach, und etwa drei Kilometer aufwärts entspringen die Flüsse Sieg, Lahn und Eder, sodass von allen Seiten für ausreichend Wasser gesorgt ist.

Letztlich bleibt die Motivation der Märzenbecher aber im Dunklen, mit der sie gegen Ende des Winters als erste Boten des Frühlings ausgerechnet bei Walpersdorf so verschwenderisch ins Blühen geraten. Denn die Großen Schneeglöckchen, wie Märzenbecher auch genannt werden, gehören anders als ihre kleinen Kollegen und die Krokusse zu den selteneren Pflanzenarten, und sind deshalb streng geschützt.

Als Pflanze aus der Familie der Amaryllisartigen ist der Märzenbecher (wissenschaftlich: *Leucojum vernum*) ein Zwiebelgewächs, dessen unterirdische Überdauerungsorgane dem traurigen Schicksal ausgesetzt sind, immer wieder von Wildschweinen und verwilderten Städtern ausgebuddelt zu werden. Dem Wildschwein ist mit Vernunft nicht beizukommen, dem Städter aber sei versichert, dass des Märzenbechers Weiß (griechisch: *leukos*) ästhetisch gesehen nirgends so gut zur Geltung kommt wie in seiner natürlichen feucht-dunklen Umgebung und der Pflanze schon aus ernährungsphysiologischen Gründen nichts so unsympathisch ist wie der urbane Lifestyle-Garten mit seinem pathologisch kurz gehaltenen Rasen.

Das *-jum* in der wissenschaftlichen Bezeichnung kommt von *ion*, dem altgriechischen Wort für das Veilchen, dem der Märzenbecher vom Geruch her ähnelt. Immer noch kein Grund, ihn zu Beginn des Frühlings (lateinisch: *ver*) von seinem Lieblingsplatz zu holen!

Adresse Am oberen Ende des Märzbecherwegs, 57250 Netphen-Walpersdorf | ÖPNV Bus R 16 bis Deuz Ortsmitte, L 167 bis Märzbecherweg | Tipp Nach der Märzenbecherwanderung vielleicht einen Abstecher zum »Krämersch« einplanen (Ort 58), wo sonntagmorgens beim Frühschoppen am Tresen noch der Würfelbecher geschwungen wird.

67__Die Nenkersdorfer Wassermühle

Wer zuerst kommt, mahlt zuerst

In Nenkersdorf ist das nicht nur eine Redensart, hier kann man den Satz noch heute in seiner ursprünglichen Bedeutung verwenden, denn die Nenkersdorfer Mühle ist die einzige im Kreis Siegen-Wittgenstein, die noch vollständig funktioniert. Allerdings ist die Zahl der Menschen, die mit ihren vollen Getreidesäcken vor der Tür stehen, im Laufe der vergangenen Jahre nicht unbedingt größer geworden.

Seit mehr als 700 Jahren steht die Wassermühle in sicherer Entfernung zur heutigen Hauptstraße (von dort gut sichtbar) am Oberlauf der Sieg, von der sie über einen Mühlengraben ihren Kraftstoff bezieht. Ist oberhalb der Schütze, einer Art Staudamm, genug Wasser zusammengelaufen, fließt es über eine Rinne in die Mühle, wo es in der ersten Etage, dem sogenannten Mahlboden, mit lautem Rauschen in die Schaufelkammern des Mühlrads stürzt, woraufhin sich das eiserne Ungetüm in Bewegung setzt. Auf gleicher Ebene befinden sich auch die Mahlsteine, die über Zahnräder, Wellen und Lederriemen mit dem Wasserrad verbunden sind, wie alle Gerätschaften im Haus. Wird auf dem Mahlboden gemahlen, so wird auf dem Mischerboden eine Etage darüber gemischt. Nur der Dachboden entzieht sich diesem plausiblen Benennungssystem, denn hier wird: gesiebt.

Ist die Mühle in vollem Gange, dann ist es ein Genuss, den klappernden, knirschenden, ratternden Apparaturen bei ihrer Arbeit zu lauschen, deren Klang die vielen hölzernen Hohlräume und Böden als Resonanzkörper noch verstärken. Für Menschen, die daran gewöhnt sind, dass Strom quasi abstrakt aus der Steckdose kommt, ist es besonders beeindruckend, einmal konkret zu erleben, wie Energie durch das bloße Herunterfallen von Wasser zustande kommt. Ein Besuch der Nenkersdorfer Mühle ist ein ganzkörperliches Erlebnis der analogen Art, das sich von den virtuellen Alltagserfahrungen der digitalen Welt wohltuend abhebt.

Adresse Zufahrt über Sieg-Lahn-Straße 64, 57250 Netphen, www.nenkersdorf.de (unter »Unser Dorf«) | ÖPNV Bus R 16 bis Deuz Ortsmitte, L 167 bis Nenkersdorf Sehlbachstraße | Öffnungszeiten am Wochenende nach Absprache unter Tel. 02737/2294077 oder über dorn_andre@web.de | Tipp Besonders lohnend (auch unter dem Kuchenaspekt) ist die Besichtigung der Mühle im Rahmen des Deutschen Mühlentags am Pfingstmontag.

68 Der Wandertreff in Nenkersdorf

Grillhütte mit Schlosstresen

Nicht weit vom Dorf, oben im Wald, an einer Stelle, wo niemand auch nur im Entferntesten eine gastronomische Anlaufstation erwarten würde, liegt sie: die ehemalige Nenkersdorfer Grillhütte, die sich unter den geschickten Händen von Bernd Osenberg und seiner Frau Marianne zu einem einmaligen Wandertreff entwickelt hat. Und der ist nicht etwa nur am Wochenende, zu den mutmaßlichen Stoßzeiten, geöffnet, sondern – und das ist das Überraschende – *täglich*, sommers wie winters, bei nahezu jedem Wetter, ohne Ruhetag.

Die Osenbergs, beide Ruheständler mit Gaststättenvergangenheit und entsprechender Erfahrung, betreiben den Wandertreff nur so zum Vergnügen und mit viel Gelassenheit. Marianne macht die Frikadellen, Salate und Kuchen, Bernd gibt den freundlichen Gastwirt, der seine Hütte bei kalter Witterung mit einem bullernden Pelletofen auf Betriebstemperatur bringt. 2010 gingen die beiden mit ihrem Wandertreff an den Start, was kein leichtes Unterfangen war, denn auf dem »Ollern« (dem Dachboden) der alten Grillhütte hatte sich im Laufe der Jahre ein bevölkerungsreicher Ameisenhaufen angesiedelt, dessen Bewohner sich über das Gehölz hermachten. Also wurde kräftig restauriert und erneuert, die ehemalige Grillhütte um einen Anbau erweitert, die rustikalen Sitzmöbel wanderten nach draußen, und im Tresenbereich hielt eine Besonderheit Einzug: Das schwere Gebälk mit Bestandteilen einer alten Weinpresse von 1902 stammt aus dem Inventar von Schloss Junkernhees (Ort 54), dessen bleiverglastes Wappen jene kreisrunde Öffnung ziert, durch die zu Winzers Zeiten die Spindel der Presse ging.

Über Zulauf können sich die Osenbergs nicht beklagen, was kaum verwundert angesichts der Tatsache, dass Lokalitäten wie der Wandertreff heutzutage so gut wie ausgestorben sind. Aber Totgeglaubte leben eben manchmal länger – jedenfalls in Nenkersdorf.

Adresse Wanderparkplatz Buchenweg, 57250 Netphen-Nenkersdorf, www.nenkersdorf.de (unter »Wandertreff«), Tel. 02737/216476 oder 0170/1406602 | **ÖPNV** Bus R 16 bis Deuz Ortsmitte, L 167 bis Nenkersdorf Ortsmitte | **Öffnungszeiten** täglich ab 14 Uhr oder nach telefonischer Vereinbarung | **Tipp** Nenkersdorf liegt am Rothaarsteig und eignet sich daher gut zum Ausschwärmen. Kurzwanderer laufen zur Obernautalsperre.

69 Die Wasserburg Hainchen

Auferstanden aus Ruinen

Kurz bevor man südöstlich von Netphen über die Gießener Straße Nordrhein-Westfalen verlässt und bereits deutlich spürt, dass da hinten irgendetwas anderes kommt (nämlich: Hessen), passiert man das beschauliche Dorf Hainchen, an dessen oberem Hang ein eigentümliches Bauwerk mit bewegter Geschichte steht.

Eigentümlich ist das Bauwerk, weil es in ganz Südwestfalen keine andere Höhenburg gibt, die von einem Wassergraben umgeben wird, und bewegt ist seine Geschichte, weil das Gebäude im Laufe von gut sieben Jahrhunderten so oft den Besitzer gewechselt hat, seine Gemäuer so häufig auf-, um-, abgebaut und schließlich abgeschrieben wurden, dass man sich über seinen heutigen Zustand nach langen Jahren düsteren Dahinvegetierens nur freuen kann.

Gräben sind bei Burgen an und für sich nichts Besonderes. Sie dienten dem Schutz und erschwerten unliebsamem Besuch den Zugang. Dass der Graben der Burg Hainchen ein Wassergraben ist, liegt sicherlich auch an den Wassermengen, die sich vom Berghang bis heute in Richtung Burg ergießen. Unklar ist, ob das Wasser damals der Fischzucht diente oder vielmehr der Entsorgung dessen, was nach der Verdauung übrig blieb. Denkbar wäre dieser Vorgang über Erker, die früher vorhanden waren, vorstellen will man ihn sich aber lieber nicht.

Zu den Besonderheiten der prachtvoll restaurierten Burg gehört die Renaissance-Säule in den Arkaden des weißen Hauptgebäudes, die als Überbleibsel des älteren Burgteils die wechselvolle Vergangenheit bezeugt. Sie stammt aus dem frühen 16. Jahrhundert und beherbergt an der Innenseite ihres Kapitells den »Hausgeist«, dem die verschiedenen Umstrukturierungsmaßnahmen natürlich nichts anhaben konnten. Eine weitere Attraktion findet sich im Inneren der Burg: eine schwere, breite, oben abgerundete Eichentür aus dem Jahre 1557, die mindestens in Südwestfalen zu den ältesten Vertretern ihrer Zunft gehört.

Adresse Schloßstraße, 57250 Netphen-Hainchen | **ÖPNV** Bus R 16 bis Hainchen Südstraße | **Öffnungszeiten** Besichtigung der Burg mit historischem Kellergewölbe nach Vereinbarung unter 0171/2252881 oder über pauljp.breuer@t-online.de | **Tipp** Die Burg kann für Tagungen und Übernachtungen gebucht werden (buchung@wasserburg-hainchen.de). In der benachbarten Remise befindet sich ein gutes Speiselokal (www.remise-hainchen.de).

70 Das Haus Henrichs

Fertigbau mit Katakombe

Wer ein Haus kauft, legt sich räumlich fest, weswegen Häuser auch Immobilien heißen. Über diese Bezeichnung hätten die Menschen des 18. Jahrhunderts vermutlich geschmunzelt, denn damals ließen sich Häuser noch ab- und anderswo wieder aufbauen. Genau das geschah mit dem Haus Henrichs.

In vorindustriellen Zeiten waren Häuser noch mit leicht entzündbarem Stroh gedeckt und ihr Holzfachwerk nicht mit Schiefer verkleidet, der als Material erst im 19. Jahrhundert in Mode kam, nicht zuletzt aus Brandschutzgründen. Davor waren Stadtbrände keine Seltenheit, denn gekocht und geheizt wurde mit offenem Feuer, von dem schnell mal ein Funke um sich griff. Nachdem solch ein Funke 1752 fast ganz Salchendorf in Schutt und Asche gelegt hatte, erwarb Johann Georg Henrichs im 22 Kilometer entfernten Emmerichenhain im Westerwald ein verwaistes Pfarrhaus, ließ es zusammenlegen und mit Pferde- und Ochsengespannen in seinen Heimatort befördern, wo es 1755 auf den Grundmauern des zerstörten Gebäudes wiedererrichtet wurde und an zentraler Stelle unweit der Hauptstraße bis heute ein stattliches Erscheinungsbild abgibt.

Das eigentlich Spektakuläre wird jedoch erst bei einer Begehung sichtbar, wenn man sich über die knarzenden Stufen einer Holztreppe in das besagte Grundgemäuer hinabbegibt. Zunächst gelangt man in den ehemaligen Stall, in dem sich noch der originale Bruchsteinfußboden und fünf steinerne Viehtränken befinden. Weiter geht es in die Tiefen zweier imposanter Gewölbekeller, die man eher mit mittelalterlichen Burganlagen als mit Fachwerkhäusern in Verbindung bringt. Noch tiefer ins Erdreich reicht der Kellerbrunnen, der noch immer Wasser führt, und wer in der grabesstillen Katakombe Platzangst bekommt, dem steht ein seitlicher Fluchttunnel zur Verfügung, der dummerweise nach drei Metern an einer Mauer endet. Was sich dahinter verbirgt, bleibt Henrichs dunkles Hausgeheimnis.

Adresse Hindenburgplatz 1, 57290 Neunkirchen-Salchendorf | ÖPNV R 22 bis Salchendorf Ort | Öffnungszeiten jeden 3. So im Monat 14.30–17 Uhr (Kaffeeklatsch), in der dunklen Jahreszeit Fr ab 18 Uhr (Stammtisch) | Tipp Der alte Dorfkern hinterm Haus Henrichs (das man auch privat buchen kann) ist erstaunlich gut erhalten und vermittelt ein authentisches Bild der kleinformatigen Wohnverhältnisse von damals.

71 Der Pfannenbergturm

Höhenangst beim tiefen Schacht

Dieser bei starkem Wind leicht schwankende Aussichtsturm ist nichts für zarte Gemüter, die nicht schwindelfrei sind. Natürlich kann nichts passieren, denn schließlich steht das Ding hier schon seit 1934, als umgebaute Stahlkonstruktion eines ehemaligen Förderturms der Erzgrube Pfannenberger Einigkeit. 1999 wurde der 20 Meter hohe und 13 Tonnen schwere Turm saniert, was seine Standfestigkeit beträchtlich erhöht hat. Und doch ist man froh, wenn man die Rundumsicht schnell hinter sich bringen und zügig zum Bergmannspfad zurückkehren kann. In dessen Verlauf darf der Pfannenbergturm schon wegen seiner 499 Meter über dem Meeresspiegel als Höhepunkt betrachtet werden, der streng genommen zu Eiserfeld gehört, als höchste Erhebung der Stadt Siegen.

Der Bergmannspfad beginnt am Wodanstolln, führt vorbei am Haus Henrichs (Ort 70) durch den alten Salchendorfer Ortskern, oberhalb dessen er sich entlang der Viehweiden und Pferdekoppeln in die bewaldeten Höhen vorarbeitet. Hier fallen selbst dem Unkundigen zahlreiche kraterartige Vertiefungen auf, von denen der Wald nahezu übersät ist, denn der Wanderer befindet sich in einem Gebiet, wo bereits in der Latènezeit (ca. 450 v. Chr. bis Christi Geburt) Eisen abgebaut wurde. Die noch ziemlich schlichte und wenig ergiebige Art der damaligen Erzgewinnung nannte man »Moltern«, das bald vom »Abgraben« verdrängt wurde, denn beim noch recht unsystematischen Herumstochern nach Brauneisenstücken stießen die Kelten bald auf Eisenerzgänge, zu denen sie sich nun gezielt hinunterackerten – der Beginn des eigentlichen Bergbaus in die Tiefe.

Ein frühes Bergbauzeugnis aus der späten Latènezeit ist die Eisenerzgangsspalte im Grubenfeld »Rinnchen samt Blumenrath«, die anschaulich vermittelt, welch immenser Aufwand früher nötig war, um in zehn bis 15 Metern an Rohstoffe zu gelangen. Hundertmal tiefer schaffte es 2.000 Jahre später die benachbarte Grube Pfannenberger Einigkeit, die um 1960 als tiefste Eisenerzgrube Europas galt.

Adresse Beginn des Bergmannspfads: Wodanstolln (dort Parkmöglichkeit), Arbachstraße 28a, 57290 Neunkirchen-Salchendorf | **ÖPNV** R22 bis Salchendorf Ort | **Tipp** Am Beginn oder Ende des Bergmannspfads empfiehlt sich eine geführte Besichtigung des Wodanstollns, der an jedem 1. So im Monat ab 14 Uhr seine Pforten öffnet. Terminvereinbarung für Gruppen- oder sonstige Besuche unter fuehrung@heimatverein-salchendorf.de.

72 Der Silbersee

Westernromantik ohne Karl May

Diesen ungewöhnlichen Kratersee teilen sich geschwisterlich die Gemeinden Herdorf und Neunkirchen und damit die Bundesländer Nordrhein-Westfalen und Rheinland-Pfalz. Ungewöhnlich ist der See schon auf den ersten Blick, denn aus dem Wasser ragen schroff und canyonartig Steilfelsen – ganz anders als bei sonstigen Tümpeln, Teichen und Talsperren. Der Silbersee könnte glatt als abenteuerliche Kulisse eines spannenden Karl-May-Films dienen, und das liegt am Eingriff des Menschen.

Mit fortschreitender Industrialisierung wurde auf der Mahlscheid – heute Naturschutzgebiet – bis in die 1950er Jahre fleißig Basalt abgebaut, der für den heimischen Gruben- und Straßenbau verwendet wurde, aber auch in Holland und Friesland bei der Küstenbefestigung zum Einsatz kam. Noch Ende des 19. Jahrhunderts waren die mächtigen Basaltkuppen der Mahlscheid und ihres Nachbarn, des Hohenseelbachskopfs, weithin sichtbar, bevor sie zwischen 1900 und 1925 kontinuierlich abgetragen wurden.

Eines der Abbauresultate war auch jener Steinbruch, der sich im Laufe der Jahre mit Wasser füllte und zum Silbersee wurde. An den steilen Abbruchkanten seines Ufers sind noch heute die steil emporragenden Basaltsäulen zu sehen, wie sie vor rund sieben Millionen Jahren jähzornige Vulkane verursachten. Dabei ließ die ausgespuckte Lava durch eine besonders gemütliche Form der Abkühlung schlanke Säulen statt wulstige Massen entstehen.

Nach den geschäftigen Tagen des Basaltabbaus leben die Mahlscheid und ihr Kratersee heute davon, dass man sie und ihre geschützte Tier- und Pflanzenwelt in Ruhe lässt, weshalb eine Besichtigung des Geländes ausschließlich über den erlaubten Rundweg zu erfolgen hat. Besucher werden jedoch durch eine begehbare Aussichtsplattform am Nordostufer des Sees ausreichend darüber hinweggetröstet, den Glanz des Silbers nicht aus allernächster Nähe betrachten zu dürfen.

Adresse Parkplatz Ende Malscheider Weg, 57290 Neunkirchen-Struthütten, Hinweg zum See auf Tafel beschrieben | **ÖPNV** Bahn bis Struthütten oder Bus R 22 bis Neunkirchen Rathaus, R 23 bis Struthütten Ort, ab dort zu Fuß | **Tipp** Es lohnt sich, den Silbersee vom Bahnhof aus über den Malerweg »Ansichten – Aussichten« anzusteuern, der an 24 Stationen Werke heimischer Künstler zeigt. Gesamtlänge des Weges: 37 Kilometer.

73 Die 55 Kirschbäume am Wellersberg

Blütenzauber von kurzer Dauer

Der Lyriker Wilhelm Müller (1794–1827) schrieb *Sieben und siebzig Gedichte aus den hinterlassenen Papieren eines reisenden Waldhornisten*, und auch sein sehr viel berühmterer Zeitgenosse Heinrich Heine (1797–1856) fand Gefallen daran, Gedichte so zusammenzustellen, dass man ihre Anzahl durch elf teilen konnte. Die 55 Kirschbäume am Wellersberg fügen sich diesem Ordnungsprinzip der romantischen Dichtkunst, und ihre Poesie steht der von Müller und Heine in nichts nach. Ihr Zauber ist zwar flüchtig und von kurzer Dauer, er ist in seiner Präsenz aber nicht so stark von runden Geburts- oder Todestagen abhängig wie die Werke der künstlerischen Großmeister.

Jedes Jahr, irgendwann nach Schneeglöckchen und Märzenbecher (Ort 66), egal ob Kulturredaktionen etwas davon wissen wollen oder nicht, wuchern die 55 Kirschbäume am Wellersberg mit einer derart berauschenden Fülle an Rosa, dass man sich kaum daran sattsehen kann und schier daran verzweifelt, dieses zugleich zarte wie fulminante Aufblühen der Natur in seiner üppigen Dreidimensionalität fotografisch nicht festhalten zu können. Und je blauer der Himmel und strahlender die Sonne, je größer die an und für sich schönen Kontraste, desto schwieriger wird es, jenes großzügige, ausladende, verschwenderische Rosa angemessen wiederzugeben, welches sich an der einen Stelle des Parks noch zögernd ankündigt, während es an anderer Stelle schon seinen Höhepunkt überschritten hat.

Die rosa Pracht weist uns darauf hin, dass die besten Momente des Lebens nicht festgehalten, sondern nur dankbar im jeweiligen Augenblick erlebt werden können und danach wieder loszulassen sind. Auch vom flüchtigen Glück der 55 Kirschbäume am Wellersberg muss man sich schon nach wenigen Tagen der Blüte verabschieden, wobei das nun in den Vordergrund tretende Blattgrün auch nicht *ganz* so schlecht ist …

Adresse Parkanlage zwischen Tiergarten-, Wellersberg- und Freudenberger Straße, 57072 Siegen | ÖPNV Bus C116 bis Siegen Wellersbergstraße | Tipp Panoramafreunde folgen der Wellersbergstraße bergauf und gelangen auf eine weite grüne Ebene, die einen grandiosen Ausblick auf die Stadt gewährt. Waldfreunde laufen noch weiter bis zum Historischen Tiergarten (Ort 92).

74 Das alte Siegen der Tzveta Grebe

Unvergessen an Wänden und Stromkästen

Der 16. Dezember 1944 verwandelte Siegens Zentrum binnen weniger Minuten in einen Trümmerhaufen. Beim alliierten Fliegerangriff kamen 348 Menschen ums Leben, darunter 32 ausländische Zwangsarbeiter. Auch die malerische Siegener Altstadt fiel dem Bombenhagel zum Opfer und verlor unwiederbringlich einen beträchtlichen Teil ihrer historischen Bausubstanz. Dennoch ist das alte Siegen nicht gänzlich aus dem Stadtbild verschwunden. Dank der Künstlerin Tzveta Grebe ist Siegen, wie es einmal war, auf zahlreichen Hauswänden und Stromkästen abgebildet, die sich bei einem kleinen Fußmarsch besichtigen lassen.

Wir beginnen im Jahre 1835, beim Stadtpanorama am Fuß der Fischbacherbergstraße, gehen zu den Bahngleisen, die wir durch eine Unterführung (die »Harnröhre«) unterschreiten, überqueren den Bahnhofsplatz und stehen am Ende der Bahnhofsstraße vor einem großen Stromkasten, der neben dem früheren Ambiente des Apollo-Theaters die beiden »Maskottchen« von Siegen zeigt: Henner und Frieder. Wir schauen uns die Herren persönlich an, die nebenan auf der Oberstadtbrücke stehen, winken zum heutigen Apollo-Theater hinüber und wenden uns der steilen Kölner Straße zu. Aufgepasst an der Ampel: bei Henner gehen, bei Frieder stehen! Noch ein paar Schritte die Stadtmauer entlang, und wir befinden uns links vor dem ehemaligen Hotel Meurer, heute ein Eiscafé. Achtung, möglicherweise ertönt gleich das Glockenspiel (Ort 81)! Oben am Dicken Turm: drei hübsche Frauenpersönlichkeiten der Stadt. Jetzt zum Museum für Gegenwartskunst! Durch die Alte Poststraße (die mit den Kühen) zur Marienkirche: Stromkasten mit Barockaltar. Sodann: Straße runter und kurz nach dem Laternchen rechts an der Wand: die alte Synagoge. Traurig, dass es all das nicht mehr gibt, und: schön, dass es irgendwie doch noch da ist!

Adresse Start: Anfang Fischbacherbergstraße, 57072 Siegen | **ÖPNV** diverse Busverbindungen bis Siegen ZOB | **Tipp** Auf dem Weg befinden sich auch der Lokschuppen (Ort 97) und der Baguette-Laden (Ort 76). Unterhalb der gemalten Synagoge stehen im Häutebachweg zwei einsame Straßenlaternen, die den Krieg merkwürdigerweise überstanden haben.

75_Der Alte Weinkeller

Rebenbastion im Hopfenland

Berühmte Weine kommen anderswoher. Was nicht gegen die Existenz eines Weinkellers im bierverwöhnten Siegerland spricht. Seit 1995 befindet sich in einem Teil der ursprünglichen Siegener Stadtbefestigung, dem Wetzlarer Tor (später: Löhrtor), eine urige Lokalität, die das historische Gemäuer sehr atmosphärisch mit den Behaglichkeiten des Weingenusses zusammenbringt. Damit das Ganze nicht zu feuchtfröhlich ausfällt, wird Flammkuchen als bissfester, herzhafter Gegenpol gereicht. Der hat zwar mit dem »Sejerlänner Riewekooche« ungefähr so viel zu tun wie Pizza mit Schwarzbrot, passt jedoch, in Kombination mit den auswärtigen Rebensäften, stilistisch perfekt zur Bruchsteinkatakombe des Löhrtors, die genauso gut ein verwunschenes Kellergewölbe in einem umbrischen Landhaus sein könnte.

Im Alten Weinkeller, der sich seit einiger Zeit auch etwas hipper Löhrsss nennt, beginnt und endet die Nachtwächterführung, bei der sich interessierte Besucher der Stadt nach Einbruch der Dunkelheit von Nachtwächter Balthasar durch das mittelalterliche Siegen führen lassen können. Obwohl ein großer Teil der Altstadt am 16. Dezember 1944 durch den Angriff der Alliierten ausgelöscht wurde, wird bei der etwa 70-minütigen Wanderung durch die Oberstadt doch viel von den alten Zeiten lebendig, in denen Mensch und Vieh auf engstem Raum beieinanderlebten und reinliche Gassen mit fußgängerfreundlichem Asphalt noch gänzlich unbekannt waren.

Ein Besuch des Weinkellers ist aber auch unter einem anderen Gesichtspunkt interessant: Viele der weggebombten Häuer der Siegener Altstadt wurden nach der Zerstörung über ihren alten Gewölbekellern neu errichtet (ähnlich verfuhr man bei Ort 32). Wer also eine Ahnung davon bekommen möchte, wie es heute noch vielfach unterhalb der Siegener Nachkriegsbauten aussieht, der bekommt im Alten Weinkeller einen lebendigen Eindruck, der obendrein noch gemütlich ist.

Adresse Hainstraße 1, 57072 Siegen, Telefon 0271/24555, www.alterweinkeller.de | ÖPNV Bus C 105 bis Siegen Löhrtor | Öffnungszeiten Di–Sa ab 19 Uhr; So, Mo und feiertags nach Vereinbarung | Tipp Die kleine Nachtwächterführung ist buchbar über die Gesellschaft für Stadtmarketing (Tel. 0271/4041316), die große (mit kulinarischem Schwerpunkt) über den Weinkeller. Eher selten, dann aber lohnend: eine Weinprobe im nahe gelegenen Weinlager »Heilige Pforte«, einem Gewölbe innerhalb der Stadtmauer.

76 Der Baguette-Laden

David neben Goliath

Kleiner geht es kaum. Obwohl der Schriftzug und das überdimensionale Vorzeige-Sandwich auf dem Dach fast so breit sind wie der Laden selbst, gibt es viele, die den charmanten kleinen Rundpavillon neben Siegens Hauptbahnhof noch nie bemerkt haben. Er schmiegt sich, wo die Autobrücke zum schwungvollen Bogen über das Gleiswerk anhebt, so zurückhaltend an das Geländer vor Gleis 1, dass es schon einer gehörigen Portion Hunger oder aber des Hinweises eingefleischter Stammkunden bedarf, um diesen Winzling unter all den Imbiss-Giganten wahrzunehmen.

Was den Hunger angeht: Der wird hier ebenso gründlich wie einfach gestillt. Yung Mok, gebürtiger Hongkong-Chinese und gelernter Koch, fertigt seit 2003 frisch belegte und danach überbackene Baguettes an, die beim Reinbeißen richtig schön Krach machen. Alle Baguettes sind 25 Zentimeter lang, was dem durchschnittlichen Hungergefühl eines mittagspausenbedürftigen Angestellten entspricht, und je nach Bezeichnung unterschiedlich belegt, wobei die preisgünstige »Nancy« eher vegetarisch leicht daherkommt, die etwas teurere »Guillotine« dagegen scharf und hähnchenfleischig.

Schnell wird bei Durchsicht der 18 möglichen Baguette-Varianten deutlich, dass wir uns sprachlich in Frankreich befinden, und während wir mit ansteigendem Wasserpegel im Mund noch überlegen, ob wir uns eher für »Lyon«, »Marseille« oder die »Côte d'Azur« entscheiden sollen, fällt uns auf, dass die vegetarische »Nancy« wohl doch nicht »Nähnßi« ausgesprochen wird, sondern wie die gleichnamige Stadt in Frankreichs Nordosten.

Noch ehe wir uns so recht darüber klar werden, inwieweit auch die »Nordsee« und »Hawaii« zum Einzugsgebiet der Grande Nation gehören, hat uns Yung Mok bereits den »Eiffelturm« überbacken, in dessen dampfende Spitze wir nun genüsslich hineinbeißen. Patrioten hätten sich vermutlich für die »Tricolore« entschieden. Und Glöckner für »Notre Dame«.

Adresse Am Bahnhof 2, 57072 Siegen, Tel. 0271/2330361 | **ÖPNV** diverse Busverbindungen, Haltestelle Siegen ZOB | **Öffnungszeiten** Mo–Sa 11–21 Uhr | **Tipp** Gut kombinierbar mit dem Baguette-Verzehr ist der Besuch des Lokschuppens (Ort 97) *hinter* den Gleisen und die Wanderung durch Tzveta Grebes altes Siegen (Ort 74), auf deren Route der Laden liegt.

77_Das Beatles-Museum

All you need is love. Und zwei kleine Räume.

Wenn die Beatles das Beatles-Museum in Geisweid besuchen würden, müssten sie zunächst einmal ihre Instrumente abschnallen und sich schlank machen. Der Eintritt erfolgt dann nach dem Abbey-Road-Prinzip: einzeln und im Gänsemarsch. Kommt Harold Krämer dazu, wird's knackig eng, denn sein Museum misst gerade einmal 27 Quadratmeter, die sich auf zwei Ausstellungsräume verteilen.

John, Paul, George und Ringo würden die Augen übergehen. Zu Beginn ihrer Karriere hätten sie wohl kaum geahnt, welch überwältigende Fülle an Memorabilien und Devotionalien ihre Musik einmal hervorbringen würde. 2.000 (grob geschätzt und Platten nicht eingerechnet) befinden sich in der zweiten Etage, und wer meint, dass es sich dabei doch wohl nur um die privaten Schätze irgendeines Wohnzimmer-Freaks handeln könne, der täuscht sich, denn das kleinste Beatles-Museum der Welt wurde am 9. August 1999 ganz offiziell ins Guinnessbuch der Rekorde eingetragen, wird von Fans aus der ganzen Welt besucht und ist unter Eingeweihten so bekannt, dass der Bürgermeister von Liverpool das 20. Jubiläum des Museums mit einem ausführlichen Glückwunschschreiben bedachte.

Neben einer stattlichen Anzahl von Beatles-Figuren und ausgefallener Merchandising-Artikel gibt es so manche Kostbarkeit zu bestaunen, die ganz tief in die Materie eintauchen: ein Bass Drum Head, das Ringo Starr als Reserve auf einer USA-Tournee mitführte, das seltene Butcher-Cover der LP »Yesterday and Today« (von den Beatles ausdrücklich gewollt, vom amerikanischen Handel aber abgelehnt und deshalb vom Vertrieb zurückgepfiffen) sowie zwei Speisekarten aus dem Zug, mit dem die Beatles 1966 ihre Bravo-Blitztournee absolvierten, deren Rückseite Paul McCartney, vermutlich aus Langeweile, mit aufwendigen Kugelschreiber-Zeichnungen verzierte. Nicht bemalt, aber hübsch bemehlt: das Beatles-Brot. Was es nicht alles gibt …

Adresse Sohlbacher Straße 24, 57078 Siegen-Geisweid, Tel. 0271/8909770, www.the-beatles.de | **ÖPNV** Bus R 10 bis Geisweid Rathaus | **Öffnungszeiten** nach persönlicher Absprache | **Tipp** Farblich passend zur bunten Beatles-Welt sind die Backwaren des phänomenalen Syrers Musaab Al Shaban in der Rathausstraße 3, mit denen sich der Museumsbesuch im Anschluss versüßen ließe.

78 Das Brauhaus Irle

Hochmodern und ziemlich alt

Irle-Bier gibt es, solange Siegen trinken kann, zumindest seit 1693, und immer schon war die Brauerei in Kaan-Marienborn ansässig, wo bis heute ihr Wahrzeichen, ein hoch aufragender Schlot aus rotem Backstein, schon von Weitem für all jene sichtbar ist, die sich auf eine kühle Erfrischung freuen. Traditionell zischt das Irle-Bier als Edel-Pils, das man in den Gasthäusern der näheren Umgebung vom Zapfhahn und in den meisten Getränkemärkten der Region als Flaschenbier bekommt. Für Feinschmecker gibt es inzwischen auch naturtrübes, untergäriges Zwickelbier, das vom Brauhaus sowohl hell als auch dunkel in kompakten Zwei-Liter-Siphons oder (auf Vorbestellung) in geräumigen 15-Liter-Fässern angeboten wird.

Verglichen mit den Großbrauereien der Republik nimmt sich der jährliche Ausstoß von 8.000 Hektolitern verhältnismäßig bescheiden aus, was nicht zuletzt daran liegt, dass sich bei Irle der Großteil des Geschehens im Brauhaus selbst abspielt, in dessen Haupträumlichkeit die moderne Brauanlage aus Edelstahl den imposanten Mittelpunkt bildet. Dazu im Kontrast steht der Biergarten, der in nächster Nähe zum Backsteinschlot zwischen ungezwungenem Shabby-Chic und südländischem Olivenbaum-Flair angesiedelt ist und bei weniger mediterranem Wetter auf zwei zünftige Bierzelte zurückgreifen kann.

Das Besondere an diesem Brauhaus ist, dass es ihm einerseits gelungen ist, seine Familientradition unbeirrt fortzusetzen, inzwischen in zehnter Generation, und andererseits in der traditionsbewussten Provinz neben dem Altbewährten und Gediegenen das etwas leichtfüßigere, »loungige« Lebensgefühl der Großstadt zu etablieren. Geschichte macht nun mal genau so viel Spaß wie das, was im Hier und Heute an sie anknüpft. Letztendlich funktioniert Genuss heute so wie damals – und dann auch wieder ganz anders, genau wie der Mensch, der sich stets wandelt und sich zugleich beständig treu bleibt.

Adresse Hauptstraße 18, 57074 Siegen, Tel. 0271/6819834, www.irle-brauerei.de | **ÖPNV** Bus R 12 bis Kaan-Marienborn Irle-Brauerei | **Öffnungszeiten** Mi–Sa ab 17 Uhr | **Tipp** Ebenfalls in Kaan-Marienborn befindet sich die inhabergeführte *Bäckerei* Irle (Hauptstraße 81), stadtbekannt für ihre gehaltvollen Brötchen und ihren noch gehaltvolleren Bienenstich.

79_Das Bruchwerktheater

Ausdruck statt Konsum

Als Beispiel: Duncan Macmillans »All das Schöne«. Bühnenangst sollte man dabei als Zuschauer lieber nicht haben. Jedenfalls dann nicht, wenn man sich für ein Plüschsofa in der ersten Reihe oder gar für eines der Sitzmöbel direkt unterm Scheinwerferhimmel entschieden hat. Schnell ist man dann Teil des Stücks, was einem aber auch dann blühen kann, wenn man beim Betreten des Theaters eines der Kärtchen gezogen hat, auf denen sich Fragmente dessen befinden, was sich in den nächsten zwei Stunden ereignen wird.

Das Bruchwerktheater versteht sich als Versuchslabor, in dem die starren Grenzen zwischen Künstler und Publikum immer wieder dialogisch durchbrochen werden, was bereits seinen Namen erklärt. Leben ist Stückwerk voller Brüche, und auch die Kunst ist keine fixe Größe, sondern ein fortwährendes Geschehen, das sich aus Bruchsteinen des Daseins zusammensetzt. Entsprechend ungezwungen sitzt man in dem kleinen Theatersaal zusammen, der mit 90 klassisch-schwarzen Sitzmöbeln bestückt ist, deren flexible Anordnung für den nötigen Flow zwischen Darsteller und Zuschauer sorgt.

Schon bedingt durch den intimen Charakter des Theaters wird man in den ehemaligen Räumlichkeiten eines Discounters nicht auf klassische Dramen mit Großbesetzung stoßen, sondern verstärkt auf Zeitgenössisches, das mit sehr viel weniger Personal auskommt – wie etwa Georg Kreislers Kleinst-Musical »Heute Abend: Lola Blau«. Letzteres lässt die musikalischen Möglichkeiten des Bruchwerktheaters anklingen, dessen unkonventionelles, durchlässiges Ambiente für Jazziges und Loungiges wie geschaffen ist. Zum bruchdurchwirkten Theaterkonzept gehören die zahlreichen Workshops, die den interessierten Zeitgenossen mit den vielfältigen Betätigungsfeldern seiner Menschwerdung vertraut machen. Der Kick des persönlichen Ausdrucks ist eben immer noch um einiges intensiver als der des billigen Konsums.

Adresse Siegbergstraße 1, 57072 Siegen, Tel. 0271/80918968, www.bruchwerk-theater.de | **ÖPNV** diverse Busverbindungen, Haltestelle Kölner Tor | **Tipp** Zu einem Theaterabend im Bruchwerk passt stilistisch gut der vorherige Besuch im leicht versteckten Café Cucú (www.cafecucu.com): die Siegbergstraße weiter und dann die nächste Steilkehre rechts hoch, Hinterstraße 21.

80 Das Café Waffelzwerg

Tortenträume in Rosarot

Alles fängt einmal klein an. Erst recht bei Zwergen. Was 2007 im Anbau des früheren Lebensmittelgeschäfts von Feuersbach an Stehtischen begann, ist inzwischen zu einem beliebten Café herangewachsen, in dessen guter Stube bequem 15 Gäste bewirtet werden können. Wer drinnen keinen Platz findet, macht es sich (bei entsprechendem Wetter) *vor* dem Café gemütlich, gleich gegenüber vom Dorf-Backes (hochdeutsch: Backhaus) und nur einen Steinwurf vom ehemaligen Feuerlöschteich entfernt.

Jeden Samstag und Sonntag warten Anke Dietrich und ihre Tochter Lena im Waffelzwerg mit vier bis fünf selbst gemachten Torten auf, unter denen sich die Himmelstorte mit ihrem sahnigen Stachelbeer-Baiser eindeutig gegen die Konkurrenz durchgesetzt hat, sodass sie als einzige jedes Wochenende fix im wechselnden Angebot vertreten ist. In der Regel ist der Himmelstorte jedoch nur ein kurzer Gastauftritt beschieden (unter anderem wegen der vielen Vorbestellungen), weshalb man sich dann umso mehr über Crêpes und Haselnuss-Schnitten, Bananen-Eierlikör- und Käse-Sahne-Torten und nicht zuletzt auch jene Waffeln freut, von denen der Zwerg seinen Namen erhielt.

Farblich wird das Café, trotz seiner bunten Obsttorten, von Rosatönen dominiert, was laut Anke Dietrich keinen besonderen Grund hat, sondern sich mehr oder weniger zufällig ergab und sich bei der allmählichen Vergrößerung des Cafés als stilbildend erwies. Konsequenterweise erstreckt sich die Farbe Rosa im Lokal bis in die entlegensten Winkel, und es soll schon Gruppen von asiatischen Besuchern gegeben haben, die beim Anblick der Sanitäranlagen im pinkfarbenen Graffiti-Look verzückt zu ihren Smartphones griffen. Es gibt also gute Gründe, sich in den gekachelten Räumlichkeiten der charmanten Schlemmer-Oase zumindest mal die Hände zu waschen – was nach intensivem Fingerabschlecken auch dringend nötig ist.

Adresse Henkelwehr 2, 57074 Siegen-Feuersbach, Tel. 02737/58106, www.waffelzwerg.de | **ÖPNV** Bus R 12 bis Kaan-Marienborn Ortsmitte, Umstieg auf L 120 bis Feuersbach Ort | **Öffnungszeiten** Sa, So 14–18 Uhr, Mi nachmittags nach Vereinbarung (ab 10 Personen) | **Tipp** Nach dem Café-Besuch ist, schon der angehäuften Kalorien wegen, ein Spaziergang durchs grüne Breitenbachtal empfehlenswert, das an der Hauptstraße vor Kaan-Marienborn endet bzw. beginnt.

81 Der Dicke Turm

Mit Volksliedern gegen das Unrecht

Jeder kennt ihn, jeder sieht ihn, jeder hört ihn. Oder eben nicht. Der Dicke Turm des Unteren Schlosses ist ein solch dominanter Bau im Stadtbild der Unterstadt, dass man ihn trotz seiner imposanten Erscheinung im Alltag gern übersieht. Und, was noch schlimmer ist: überhört. Denn der Dicke Turm beherbergt in seinem Obergeschoss das einzige Glockenspiel in Siegen-Wittgenstein, das, gänzlich unbeeindruckt von den Errungenschaften der digitalen Ära, mit seinen Liedern den Tagesablauf der Zeitgenossen noch strikt analog rhythmisiert.

Natürlich ist auch hier längst ein Computer am Werk, der fünfmal am Werktag und viermal am Sonntag die Durchsetzung volkstümlicher (im Dezember weihnachtlicher) Melodien im Lärm der Großstadt koordiniert. Das geschieht mitnichten in dem Bestreben, Ännchen von Tharau und die klappernde Mühle am rauschenden Bach als besonders typische Vertreter deutscher Leitkultur durchzusetzen. Die eigentliche Idee hinter der Installierung eines Glockenspiels im Dachstübchen des Dicken Turms verdankt sich dem Wunsch der Siegener Bürgerschaft und Verwaltung aus der Zeit nach 1945, »auf einem dafür besonders geeigneten öffentlichen Platze« ein Mahnmal für die Opfer der Weltkriege bzw. »alle Opfer des Hitler'schen Verbrecherregimes« zu errichten. So versteht sich auch heute noch jeder einzelne Brunnen vor dem Tore, der von höchster Stelle aus dem Mund der 25 Bronzeglocken ertönt, jedes im Walde stehende Männlein und jeder aufgegangene Mond (abends um 20 Uhr) als Erinnerung an geschehenes Unrecht und Protest gegen des Unrechts Wiederholung.

Am 16. Dezember, dem Jahrestag der Bombardierung Siegens, spielt der Dicke Turm zur Gedenkfeier und Kranzniederlegung zu seinen Füßen trotzig den Choral »Ein' feste Burg ist unser Gott«. Eigentlich trotzt der Dicke Turm mit seinen Melodien aber jeden Tag, weshalb man ihm öfter Gehör schenken sollte.

Adresse Unteres Schloss, 57072 Siegen | ÖPNV diverse Busverbindungen, Haltestelle Kölner Tor | Öffnungszeiten Glockenspiel: So um 11, 15, 18 und 20 Uhr, Mo–Sa zusätzlich um 9 Uhr | Tipp Gegenüber vom Turm am Schlossplatz: das Museum für Gegenwartskunst, mit Werken der zeitgenössischen Malerei, Fotografie, Video- und Installationskunst. Es beherbergt die Sammlung Lambrecht-Schadeberg und verleiht alle fünf Jahre den Rubenspreis der Stadt zur Förderung des künstlerischen Nachwuchses.

82 Das Dunkelrestaurant

Wie Sie sehen, sehen Sie nichts

An die Finsternis gewöhnt man sich schnell. Handys aus, weg mit allem, was leuchtet, durch zwei Türen und – zack, ist es zappenduster. Unsicher geistern wir durch den Raum, der akustisch nicht groß und nicht klein wirkt, spüren die Kante eines Tisches, der sich bei näherer Betastung als länglich erweist, und nehmen unsere Plätze ein. Wir sitzen, tja, vermutlich auf einer Bank. Oder ist es ein Sofa? Der Bezug scheint jedenfalls aus Kunstleder zu sein. Welche Farbe er wohl haben mag? Ob auf dem Tisch schon etwas steht? Vielleicht eine Blumenvase? Eigentlich Unsinn, denn wer soll die Zierpflanzen schon sehen? Aber riechen könnte man sie immerhin. Der Raum nimmt Gestalt an, jedenfalls in der Phantasie, und man ist erstaunt, wie schnell die Vorstellungskraft hier drinnen alles mit Leben füllt.

Unser Gastgeber: Jan, blind durch einen Unfall und ein Freund des opulenten Genießens. Rund fünfzig Weine hat er im Angebot, und wir entscheiden uns für einen tauberfränkischen Burgunder und einen apulischen Nero di Troia, denen sich im Laufe des Nachmittags ein süffiger Merlot hinzugesellt. Bereits an dieser Stelle wird es für den Neublinden schwierig: Wie bekommt man den Inhalt der Karaffe ins Glas, ohne zu schlabbern? Wo steht eigentlich das Weißwein- und wo das Rotweinglas? Waren die ersten Karaffen jetzt schon leer, und wo um Himmels willen befinden sich die frischen Gläser für den Merlot?

Ähnlich kompliziert wird es beim Essen, das heute, der Einfachheit halber, aus Pizza besteht. Ich säble das erste Stück aus meinem Kreis und versuche es auf die Gabel zu kriegen. Dieser Vorgang wiederholt sich, während wir drei miteinander plaudern. Wie viel Pizza habe ich eigentlich noch auf dem Teller? Ich verliere im Laufe des Gesprächs über Wein, Whisky und Olivenöl den Überblick und ahne: Wer blind ist, muss sich konzentrieren können und ein verdammt gutes Gedächtnis haben!

Adresse Kölner Straße 11, 57072 Siegen, Tel. 0271/2367694, www.dunkelcafe-siegen.de | ÖPNV Bus C 105 bis Siegen Rathaus | Öffnungszeiten nach telefonischer Absprache | Tipp Das Dunkelrestaurant kann nur zum Essen, aber auch mit informativem Begleitprogramm gebucht werden, für Blind Dates, Junggesellenabschiede und andere Feiern, zum Beispiel Kindergeburtstage. Feine Klamotten sind nicht nötig und für Erstbesucher auch nicht unbedingt ratsam. Ebenfalls buchbar: der »Blindenparcours«, eine geführte »Nachtwanderung« durch die Oberstadt.

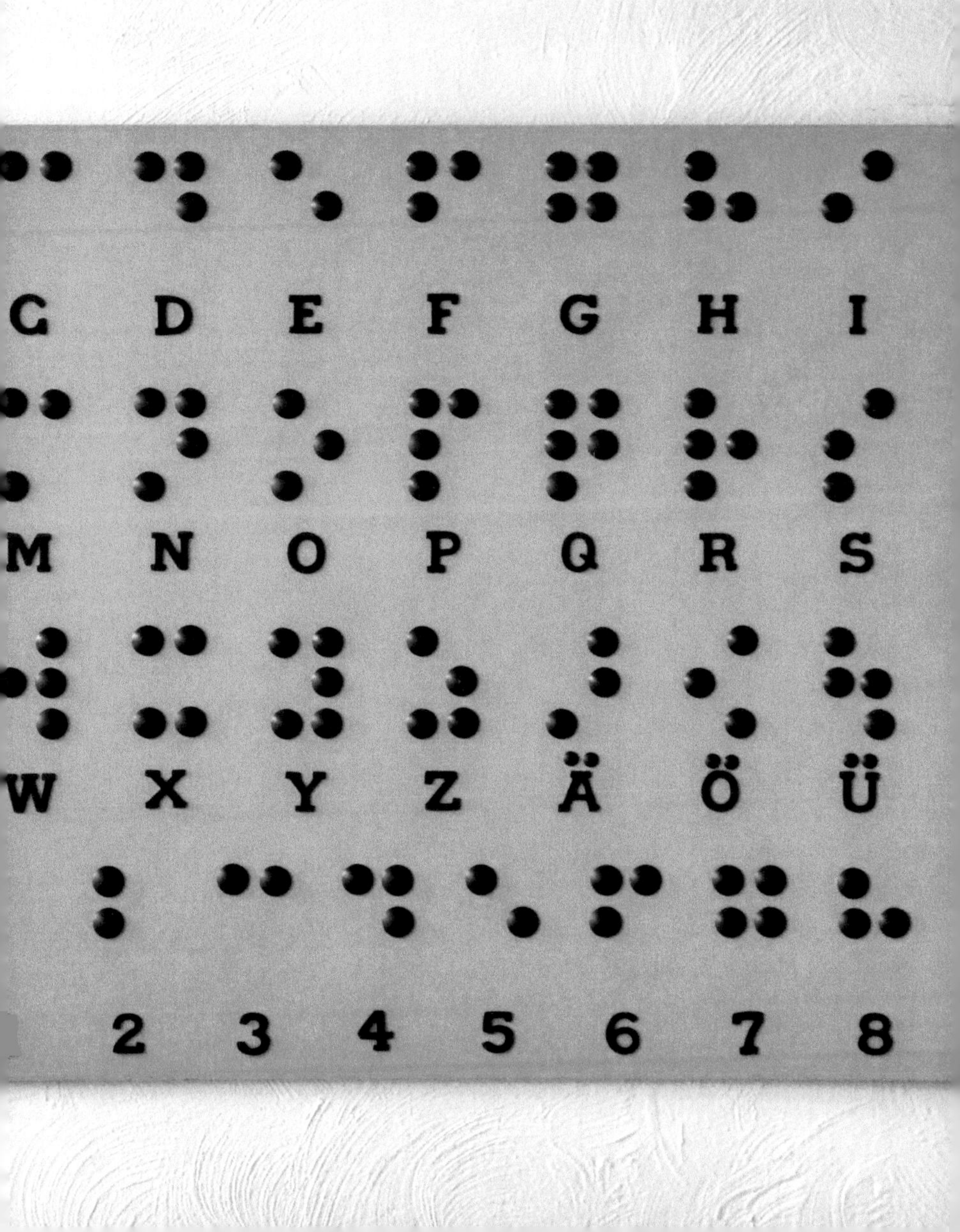

83 Edeka Schuh

Wo Tante Emma noch einkaufen würde

Es wird ja alles immer effizienter. Und kosten darf es auch nichts. Wen wundert es da, dass unsere Läden immer seelenloser werden. Billigware zum Selbstscannen – die Vereinsamung des Menschen macht Fortschritte! Im Edeka-Markt Schuh ist man von solchen Horrorvisionen zum Glück noch weit entfernt, denn hier läuft der Laden noch wie in alten Zeiten, mit Anneliese Schuh an der Kasse und Hanni Loos an der Theke. Martin Schuh kümmert sich, wie früher sein Vater Peter, um die Beschaffung der Waren, die bei Schuhs nicht immer in den Regalen Platz finden und es sich deshalb gern auf dem Boden gemütlich machen. Obst und Gemüse sind lieber an der frischen Luft. All das erschafft eine Atmosphäre, wie man sie in keinem heutigen Supermarkt mehr findet, wo Lebensmittel zu Artikeln degenerieren und Menschliches durch Marketingpläne ersetzt wird.

Es ist noch nicht allzu lange her, da konnte man sogar am Sonntagmorgen bei den Schuhs vorbeikommen, die 1898 in der Nordstraße mit einem Milchhandel anfingen. So fand sich hier ein, wer unter der Woche mal wieder die Milch zum Kaffee oder die Butter zum Brötchen vergessen hatte – und in der Schlange kam es unausweichlich zum Plausch mit Gleichgesinnten. Doch irgendwann bereitete das Ordnungsamt der mehr als 100 Jahre alten Tradition ein jähes Ende. Eine Kompromisslösung, nach der am Sonntagmorgen zumindest für den Frühstücksbedarf eingekauft werden durfte, scheiterte, zum großen Bedauern der zahlreichen Schuh-Fans, die sich mit Unterschriften-Aktionen und Onlinepetitionen für ihren Laden starkmachten. Doch die Herzen der Ordnungshüter ließen sich auch durch Tausende von Sympathiebekundungen nicht erweichen, und so ist der Einkauf bei Schuhs leider nur noch unter der Woche möglich. Immerhin: schön, dass es einen solchen Laden *überhaupt* noch gibt, der auch werktags zweifelsohne jede Unterstützung verdient.

Adresse Nordstraße 14, 57072 Siegen, Tel. 0271/51976 | ÖPNV Bus C111 bis Kaisergarten | Öffnungszeiten Mo–Sa 6–20 Uhr | Tipp Wer sich auf dem Hinweg mal richtig schön auf die Nase legen will, der nähert sich der Nordstraße von der Oberstadt her (Ecke Marburger Tor/Siegbergstraße): über die 78 Stufen der steilen Sternentreppe (boshaft »Asthma-Treppe« genannt), auf denen sich Bronzetafeln mit Sternbildern befinden.

84 Die Fürstengruft

Gut geplant, doch schlecht belegt

Kluge Regenten sorgen vor. So auch Johann Moritz Fürst zu Nassau-Siegen. Der »Brasilianer« war nicht nur einer der umtriebigsten, sondern auch einer der kreativsten Herrscher Siegens: 1636 wurde der 32-jährige Graf aus Dillenburg von der Amsterdamer Westindischen Handelskompanie zum Generalgouverneur ihrer Besitzungen in Niederländisch-Brasilien ernannt. Nach seiner Rückkehr wurde der 40-Jährige vom brandenburgischen Kurfürsten Friedrich Wilhelm zum Statthalter von Kleve und Mark befördert, denen sich wenig später die Grafschaft Ravensberg und das Fürstentum Minden zugesellten.

Einem weiteren Karriereschritt des tüchtigen Adligen verdankt Siegen sein Wahrzeichen: 1652 wurde der inzwischen 48-Jährige von Kaiser Ferdinand III. in den Reichsfürstenstand erhoben, ein Anlass, zu dem der frisch Beförderte seiner Gemeinde eine goldene Turmbekrönung spendierte, die allgemein als »das Krönchen« bekannt ist und als witterungsbeständiges Replikat bis heute die Turmspitze der Nikolaikirche ziert (das Original befindet sich *in* der Kirche).

Johann Moritz ließ in Brasilien ethnografische und naturkundliche Sammlungen anlegen, war ein Förderer der schönen Künste und erwarb sich Ansehen durch eigene Entwürfe zu Schloss- und Gartenanlagen. Da kann es nur wenig verwundern, dass der Fürst auch sein Ableben und das seiner Nachfolger mit vorsorglicher Gründlichkeit plante: Bereits 1669 beauftragte der 65-Jährige den niederländischen Architekten Maurits Post mit der Errichtung einer standesgemäßen Ruhestätte für sich und die Seinen, wobei die Gruft bereits im selben Jahr eifrig genutzt wurde. Der Fürst selbst siedelte mit seinen Gebeinen 1680 von seiner Zweitgrabstätte in Kleve über. Die Fortpflanzungsfähigkeit seiner Sippe überschätzte Johann Moritz jedoch deutlich, denn von den 63 Nischen der Gruft ließen sich bis zur letzten Beisetzung 1781 gerade einmal 30 belegen.

Adresse Unteres Schloss, 57072 Siegen | **ÖPNV** Bus R 10 bis Kölner Tor | **Öffnungszeiten** zu erfragen über die Touristeninformation unter Tel. 0271/4041316 oder -1317 | **Tipp** Mit einer leistungsstarken Taschenlampe ist der Eichensarg, in dem der Fürst von Kleve nach Siegen überführt worden sein soll, nachts auch von außen sichtbar: durch die runde vergitterte Öffnung im Gang zwischen dem unteren Schlossplatz und der Martinikirche.

85 Eismanufaktur EIS.ERFELD

Limetteneis in Schieferästhetik

Nichts gegen Eiserfeld, aber kein Mensch kommt so schnell auf die Idee, ausgerechnet in diesem Stadtteil von Siegen einen Laden aufzumachen. Es sei denn, es gibt handfeste Gründe, die dafür sprechen, wie zum Beispiel: Eiserfeld. Die Eismanufaktur hat den Schritt gewagt und hier ein Geschäft eröffnet, dessen Name EIS.ERFELD sich quasi von selbst ergab. Nicht ganz so von selbst ergab sich ein regionales Eis, das sich sinnvoll mit Eiserfeld in Verbindung bringen ließ.

Nun sind im Siegerland bekanntlich viele Häuser schieferverkleidet. Auch in Eiserfeld. Grundfarbe des Stadtteils: anthrazit. Warum also nicht so ein Eis herstellen? Für Jefferson Medeiros, den findigen Eismacher der Eismanufaktur, war klar: einfach mal ausprobieren! Mehr als schief(er)gehen kann es ja nicht. Eisfarbe: dunkelgrau, Geschmack: zum Beispiel Limette, Name: Iserfäller Schiefereis. Kann das funktionieren? Und ob! Auch wenn nach dem Verzehr Mund und Zunge kohlrabenschwarz sind. Beim Publikum ankommen und schmecken muss es halt, und beides tut's!

Darüber hinaus gibt es in der Eismanufaktur regelmäßig Eisbecher, die den Namen von heimischen Straßennamen tragen, wie zum Beispiel den Helsbach-Becher. Zum Vatertag kredenzt Medeiros gern eine maskuline Mischung aus Erzquell-Pils und Sprite, zum Muttertag eine etwas lieblichere Variante mit höherem Fruchtanteil, und in der Weihnachtszeit wird kurzerhand auf Lebkuchenaromen umgesattelt, wobei der Experimentierlaune keinerlei Grenzen gesetzt sind.

Der zum Teil beträchtliche Publikumsandrang gibt dem kreativen Schaffensdrang der Eismanufaktur uneingeschränkt recht, weshalb sich für einen entspannten Besuch des Lokals ein harmloser Wochentag eher anbietet als ein sonniger Sonntag, wo dann durchaus mit Schlangenbildung zu rechnen ist – die aber nicht weiter stört, solange nur genügend Eiskaltes vorhanden ist!

Adresse Eiserfelder Straße 460, 57080 Siegen, Tel. 0271/25082486, www.eiserfeld-eismanufaktur.de | ÖPNV Bus C 100 bis Eiserfeld Ortsmitte | Öffnungszeiten So 10–20.30 Uhr, Mo–Do 9.30–20.30 Uhr, Fr–Sa 9.30–21.30 Uhr, Winterpause: siehe Webseite | Tipp Zu empfehlen ist die Eismanufaktur als Zwischenstation einer Radtour von Siegen nach Niederschelden (Ort 99).

86_Gaststätte Harr

Einmal Schampe, bitte!

Wer von den Eingeborenen noch weiß, was Schampe ist, und gefragt wird, wo es die heute noch gibt, antwortet meist abwiegelnd, mit einem leichten Anflug von Entsetzen im Gesicht. Früher gab es Schampe am Kleinbahnhof in Siegen-Weidenau, als einfaches Arme-Leute-Essen, und in der Oberstadt stand sie lange beim Café Pfau auf der Karte. Leider existieren beide Lokale nicht mehr, und so findet man die Schampe heute nur noch in der Gaststätte Harr, wo unterhalb des Schildes »Bi d'r Mama« im Fenster regelmäßig ein Hinweis auf das aparte Gericht auftaucht.

Was ist Schampe? Die Tschechen kennen sie als Dršťková und essen sie dünn und labberig als Suppe, allerdings mit sinkender Tendenz. Die Schwaben kennen sie in festerer Form als Kutteln und verzehren sie immer noch fleißig, sauer und mit Bratkartoffeln. Im Siegerland wird die Schampe eher wie eine Gulaschsuppe zubereitet, mit dicker brauner Soße, in der Wacholder, Nelken und Lorbeer nicht fehlen dürfen. So jedenfalls macht sie Giermanns Werner, der den Rindermagen im Ganzen kocht und dann in kleine Streifen und Würfel schneidet. Gut, Rindermagen ist vielleicht nicht jedermanns Sache, aber so viel sympathischer ist ein totes Gulasch nun auch wieder nicht. Und schmecken *tut* Werners Schampe, keine Frage!

Was die Gaststätte Harr angeht: Sie ist schon ewig in der Oberstadt ansässig und war zunächst eine Feinbäckerei mit Café, das sich im Laufe der Jahre in eine Gaststätte verwandelte. Wer in der holzvertäfelten Gaststube mit ihrem zentralen Kachelofen einen Platz bekommen und nicht ins Nebenzimmer ausweichen möchte, sollte die Stoßzeiten vermeiden, denn dann sind die Sitzgelegenheiten an den fünf Tischen heiß umkämpft. Wer Schampe nicht mag, für den hat die Gaststätte Harr immer eine zünftige Alternative parat, und ist die Küche kalt, dann hängen überm Tresen garantiert noch ein paar leckere Würstchen.

Adresse Marburger Tor 34, 57072 Siegen, Tel. 0271/70325005 | **ÖPNV** Bus C 107 bis Marburger Tor | **Öffnungszeiten** Di, Do, Fr ab 16 Uhr, Sa 11–15 und ab 17 Uhr | **Tipp** Gaststätte Harr empfiehlt sich besonders nach einem Besuch des Siegerland-Museums im Oberen Schloss (Ort 89), zu dessen Füßen das Lokal liegt. Kürzester Weg: durch den Torbogen des Schlosses und dann gleich rechts runter, am Haus der Kirche vorbei.

87 Der Geisweider Flohmarkt

Schnäppchen unterm Straßenverkehr

Der frühe Vogel fängt den Wurm. Und macht beim Geisweider Flohmarkt die besten Geschäfte, wenn er (in der kalten Jahreszeit) dick vermummt und mit Taschenlampe schon kurz nach drei Uhr am Tatort auftaucht. Zu dieser Uhrzeit etwa beginnt der Aufbau des ältesten Flohmarkts im Siegerland, der, unabhängig von Wind und Wetter, jeden ersten Samstag außerhalb der Wintermonate unter dem schweren Beton und zwischen den klobigen Pfeilern der Hüttentalstraße (HTS) zum Leben erwacht.

Ein weniger idyllisches Ambiente kann man sich kaum vorstellen. Über dem Flohmarkt: Schnellstraße mit Tempo 100. Im Hintergrund: Werkshallen mit nüchternem Industriecharme. Wahrlich kein Rothenburg ob der Tauber. Und alles auch lange nicht so hip wie im ach so tollen Köln mit seinem rheinischen Multikulti-Flair. Hier in Geisweid ist noch nicht einmal die Sieg in Sicht! Dafür aber: grundsolide Überdachung, zuverlässige Waffelbuden und sämige Erbsensuppe aus der Gulaschkanone. Dazu: Krims und Krams zum guten Preis. All das macht den Geisweider Flohmarkt so einzigartig und – sagen wir es ruhig – liebenswert. Ähnlich gesehen hat das wohl der Siegener Künstler Walter Helsper (1927–1992), der einst stadtbekannte Typ mit dem schwarzen Hut, als er den Schriftzug für den Geisweider Flohmarkt entwarf. Seine nonkonformistischen Buchstaben à la Monty Python befinden sich heute noch auf den Werbeplakaten und verschönern mit ihrem rosa Hintergrund flächendeckend den flohmarkteigenen Toilettencontainer.

Bei günstigen Wetterverhältnissen müssen ambitionierte Flohmarktverkäufer schon mal länger mit dem Auto Schlange stehen, wenn sie in finsterer Nacht unterm Dach der HTS einen Platz ergattern wollen. Oft werden die besten Geschäfte schon beim Ausladen gemacht, wenn der Morgen ans Grauen noch nicht denkt. Grau wird es auf der Betonmeile früh genug, allerdings ist es dann für viele Sammler und Jäger bereits zu spät.

Adresse Unterhalb der HTS südlich vom Geisweider Bahnhof, Hüttentalstraße, 57078 Siegen-Geisweid | **ÖPNV** Bahn bis Geisweid oder Bus C 130 bis Geisweid ZOB | **Öffnungszeiten** März bis Nov., jeden 1. Sa im Monat, ziemlich früh bis etwa 13 Uhr | **Tipp** Die besten Zutaten für ein ordentliches Geisweider Frühstück sind die Flutes (Flöten) und Stuttis der Stadtbäckerei Stutte in der Rathausstraße 16.

88 Der Glockenstuhl der Nikolaikirche

Uhrzeitklänge wie im Mittelalter

Es ist schon ein Wunder, dass der Turm der Nikolaikirche dem alliierten Bombenangriff vom 16. Dezember 1944 standhalten konnte. Der Kirche selbst gelang das Wunder nicht, die wie ein Großteil der Altstadt fast vollständig zerstört wurde und bis auf ihre Grundmauern niederbrannte. Eine Brandschutztür, kurz vorher zwischen Dachstuhl und Turm eingebaut, verhinderte, dass das Feuer von der Kirche auf den Turm übergreifen konnte, und so ist der historische Glockenstuhl bis heute unversehrt, womit wir beim zweiten Wunder wären.

Von den sechs Glocken, die heute tagtäglich zu hören sind, einzeln oder in vollem Geläut, stammen nämlich fünf aus dem Spätmittelalter, genauer gesagt aus der Zeit zwischen 1300 (Zeichenglocke, für den Viertelstundenschlag) und 1463 (Stundenglocke), und man fragt sich beim Betrachten der Bronzekolosse unweigerlich, mit welcher Logistik es den Menschen vor 600 Jahren möglich gewesen ist, diese Schwergewichte auf rund 50 Meter Höhe emporzuhieven. Dass die Errichtung eines Glockenturms kein Kinderspiel war und obendrein noch ziemlich teuer, geht aus Dokumenten des 15. Jahrhunderts hervor, denen zufolge der Turm über Steuern finanziert wurde, welche die Stadt auf Wein, Bier und Landwirtschaftsprodukte erhob. Die Steuern allein reichten aber wohl nicht aus, weshalb sich der Rat der Stadt zusätzlich gezwungen sah, seine Bürger zu Spenden aufzurufen und bei den besonders Wohlhabenden Kredite aufzunehmen.

Durch Spenden gefördert wurde auch die bereits erwähnte Stundenglocke, zu deren 500 Kilogramm Gewicht die Siegener Bevölkerung Töpfe und Schüsseln beisteuerte. Es ist schon interessant, sich vorzustellen, dass im täglichen Stundengeläut der Nikolaikirche ein nicht unerheblicher Teil an mittelalterlicher Haushaltsware mitschwingt. Und dieser Sound klingt heute noch genauso schön wie damals, als Leonardo da Vinci gerade in die Pubertät kam.

Adresse Krämergasse 2, 57072 Siegen | **ÖPNV** Bus C 107 bis Siegen Rathaus | **Öffnungszeiten** Kirche: April–Okt. Mo–Fr 10–18 Uhr, Sa 10–12 Uhr, Turmbesichtigung und Kirchenführung nach Absprache mit Küster Kober, der alles über Turm und Kirche weiß: Tel. 0151/15643236 bzw. nikolaikuester@aol.de | **Tipp** Bei der Kirchenführung wird auch die weltweit einzigartige Silber-Taufschale von 1586 aus dem Tresor geholt, die bereits im New Yorker Metropolitan Museum of Art ausgestellt war.

89_Die Gotische Halle

Schlosskeimzelle mit gutem Grund

Das Obere Schloss und sein Museum sind so vielfältig, dass man sich ihren Themen am besten von der ältesten Stelle her nähert: der Gotischen Halle. Schon die Via Appia zeigt, dass ein solider Untergrund immer noch die besten Garantien für geschichtlichen Fortbestand bietet, weshalb die alte Römerstraße bis heute befahrbar ist. In kleinerem Maßstab beweist das auch der Fußboden der Gotischen Halle, deren Pflaster aus hochkant aufgestellten Grauwackensteinen im Fischgrätmuster den Schlossbrand von 1503 mühelos überstanden hat.

Über diesem unverwüstlichen, wenn auch inzwischen leicht unebenen Boden vollzog sich ab 1506 der Wiederaufbau der »burch«, der neben der Gotischen Halle auch den Oraniersaal hervorbrachte. Wilhelm I. Prinz von Oranien und Graf zu Nassau (1533–1584) war die politisch bedeutendste Persönlichkeit der Nassauer, die in Siegen seit Beginn des 15. Jahrhunderts als Stadt- und Burgherren residierten.

Wilhelm »der Schweiger« war nicht nur maßgeblich an der Befreiung der Niederlande von der Vorherrschaft des katholischen Spanien beteiligt, was ihm einen Platz in der niederländischen Nationalhymne bescherte. Seinem Privatleben verdankt die Stadt indirekt ihre Verbindung mit dem Maler Rubens: Nachdem sich die Ehe mit Wilhelm für dessen zweite Frau Anna, Herzogin zu Sachsen, als unbefriedigend erwiesen hatte, begann sie (so jedenfalls der Vorwurf) ein Verhältnis mit ihrem Rechtsberater Jan Rubens, das jedoch aufflog. Rubens wurde 1571 in Siegen verhaftet, Anna bis 1572 im Schloss unter Arrest gestellt. Rubens wurde, nach drei Jahren Kerkerhaft in Dillenburg, ebenfalls in Siegen festgesetzt, wo er die Jahre 1573–1578 mit seiner Familie verbrachte und 1577 sein Sohn Peter Paul das Licht der Kunstwelt erblickte. Dessen Bilder befinden sich heute einen Stock höher im Rubenssaal, womit jedoch der Themenreichtum des Schlosses lange nicht erschöpft ist.

Adresse Oberes Schloss 2, 57072 Siegen, Tel. 0271/230410, www.siegerlandmuseum.de | ÖPNV Bus C 107 bis Siegen Rathaus | Öffnungszeiten Di–So 10–17 Uhr, an Feiertagen Sonderöffnungszeiten | Tipp Einen profunden Einblick in Siegens Geschichte gewährt im Schloss auch das interaktive 3-D-Stadtmodell, das über Berührung der einzelnen Gebäude-Elemente alles Wissenswerte audiovisuell vermittelt. Beachtenswert: das Schaubergwerk tief unterhalb des Schlosses, das leicht übersehen wird.

90_Das Heimathaus Bürbach

Wohnkultur für kleine Leute

Im Siegerland und in Wittgenstein hatten die Häuser früher Namen, besonders im ländlichen Bereich. Viele Hausnamen endeten auf *-sch*, was im regionalen Plattdeutsch den Besitz anzeigt, und blieben mit dem Haus verbunden, auch wenn die Besitzer wechselten. Der Siegener Ortsteil Bürbach hat diese Gepflogenheit wieder aufleben lassen und am Eingang seiner ältesten Häuser Schiefertafeln mit Hausname und Baujahr angebracht.

Lehrersch, Sejersch, Schrinnersch und wie sie alle heißen – Beckersch Huss ist unter den zahlreichen Häusern eines der interessantesten und war als Wohn- und Wirtschaftsgebäude eines kleinen Hofes eng mit dem Dorfbackhaus verbunden, das früher einmal davorstand. Schon 1679 wird einer der Besitzer als Betreuer des Backes genannt. Heute ist das Haus Beckersch besser bekannt als Heimathaus, dessen heimelige Räumlichkeiten einen besonders schönen Eindruck früherer Wohnkultur vermitteln. Damals war nicht nur der Lebensstandard der Menschen niedriger, bedingt durch die kargeren Verhältnisse lag auch ihre Körpergröße rund zehn Zentimeter unter dem heutigen Durchschnitt, was der Besucher besonders im ersten Stock zu spüren bekommt. Hier ist ein kleines Museum mit Schlaf- und Wohnstube sowie allerlei Alltagsgegenständen untergebracht, und wer nicht aufpasst, rammt sich am Fachwerkgebälk gehörig den Schädel.

Das Erdgeschoss wird nicht museal genutzt und erwacht an jedem ersten Sonntag im Monat zum Leben, wenn in der alten Küche unwiderstehliche Kuchen und Torten aufgefahren werden, die dann nebenan in der Gaststube von Nostalgie- und Backwarenfreunden verputzt werden. Den Verlust ihres alten Backes haben die Bürbacher übrigens verwunden und sich in Herzhausen bei Netphen Ersatz besorgt. 2004 bauten sie den Backes von Hof Buchen (Baujahr 1684) ab und in Bürbach wieder auf, wo er jetzt neben dem Heimathaus steht, als Refugium für weitere Besucher.

Adresse Obere Dorfstraße 32, 57074 Siegen-Bürbach, Tel. 0271/62483 oder 61577 | **ÖPNV** Bus C 106 bis Bürbach Obere Dorfstraße | **Öffnungszeiten** jeden 1. So im Monat 14–18 Uhr sowie für Gruppen nach Vereinbarung | **Tipp** Nicht allzu weit von Bürbach befindet sich am Silberfuchs auf dem Giersberg ein kleines Areal, auf dem ganz untypisch für das Siegerland Wein angebaut wird: Regent (rot) und Solaris (weiß). Infos unter www.si-weinkonvent.de.

91 Hermannstraße neun

Zeichenkunst hinter Schiefer

Man könnte meinen, das Haus steht leer. Kein Namensschild, keine Klingel und nur selten Licht hinter einem der kleinen Fenster. Das alte Schieferhaus in der Hermannstraße wirkt wie eines jener nicht gerade zahlreichen Gebäude in der Altstadt von Siegen, die vom Bombenangriff des 16. Dezember 1944 verschont geblieben sind und dann einfach vergessen wurden. Wem es jedoch gelungen ist, sich von der verwitterten Tür aus bemerkbar zu machen, der hat vielleicht das Glück, dass ihm dieselbe von Charles Cattoire geöffnet wird, der hier tatsächlich lebt und arbeitet, ohne viel Strom und Heizung, weshalb der Hausherr bei winterlichen Besuchen warme Kleidung empfiehlt.

Schon beim Betreten des Erdgeschosses schlägt einem der Geruch vergangener Jahrhunderte entgegen und erinnert daran, dass vor noch nicht allzu langer Zeit ebenerdig Vieh in den Häusern gehalten wurde. Steigt man die engen, knarrenden Holzstufen hinauf, gesäumt von zahllosen Zeichnungen und Fotos, gelangt man in das erste Zentrum des Hauses, die Küche, die man ohne Weiteres einem Alchimisten aus der Zeit Rembrandts zuschreiben würde. Zur Zeit der Entstehung dieses Textes hingen dort über einem Holzöfchen unzählige Orangenschalen zum Trocknen, keimten in einer Wasserschale diverse Bohnen und türmten sich in einer großen Schüssel Unmengen von Knoblauch, des Hausherrn Lieblingsknolle.

Zentrum Nummer zwei, das Arbeitszimmer, befindet sich einen Stock höher. Cattoires Ideen hängen hier nicht nur an den Wänden, sondern auch an der Decke: Comic-Sequenzen, schwarz-weiß und in Farbe, schräge Helden und wohlgeformte Frauengestalten, bildgewordene Wortspiele und zum Leben erweckte Oldtimer. Wer etwas für akribische Gestaltung und hingebungsvolle Liebe zum Detail übrighat, dem gehen in der phantastischen Bilderwelt des zeichenwütigen Franzosen die Augen über.

Adresse Hermannstraße 9, 57072 Siegen, www.zinzin-orstunisch.eu | **ÖPNV** Bus C 106 bis Siegen Rathaus | **Öffnungszeiten** sind mit etwas Geduld per E-Mail zu erfragen: charles@cccp-zinzin.de | **Tipp** Gut erreichbar von der Hermannstraße 9 (wo die Siegener Altstadt besonders malerisch ist): der alte Weinkeller (Ort 75) und der Schlossgarten (Ort 95).

92__Der Historische Tiergarten

Lustwandeln über der Stadt

Vieles, was in Siegen historisch ist, geht auf Johann Moritz, den großen Universalinteressierten der Stadt, zurück (Ort 84). Im 17. Jahrhundert ließ der umtriebige Fürst auf den Höhen des Wellersbergs einen Tiergarten anlegen, in dem die höfische Gesellschaft ihrem Bedürfnis nach Zerstreuung und ihren Jagdgelüsten nachgehen konnte. Heute beschränkt sich die Jagd in dem weitläufigen Waldgebiet oberhalb von Weidenau auf Reh- und Schwarzwild, dafür sind seit der Barockzeit die Zerstreuungsmöglichkeiten deutlich gewachsen. Auf 100 Hektar befinden sich neben den historischen Sichtachsen zahlreiche Orte, an denen das erholungsbedürftige Gemüt verweilen und zur Ruhe kommen kann.

Die akustischen Möglichkeiten von Holz werden über das »Baumtelefon« sowie die Installation »Baumklang« erfahrbar, und man ahnt, dass für Eichhörnchen das Kratzen von Marderkrallen auf Buche möglicherweise noch bedrohlicher klingt als auf Eiche, Buntspechte auf Birke allerdings genauso nerven können wie auf Ahorn. Die Augen schließen sollte man beim »Barfußpfad«, wo sich die nackte Fußsohle behutsam über diverse Untergründe vortastet, während beim »Baumkronenblick« die Augen weit zu öffnen sind. An dieser aussichtsvollen Stelle wird zugleich auf einer »Wackelbank« der Gleichgewichtssinn des Besuchers erprobt, der einen Moment später vielleicht schon nicht mehr *ganz* so gemütlich auf dem Rücken liegt.

Natürlich ist ein Tiergarten nichts ohne Tiere. Sie leben in einem geräumigen Gehege, dessen abschüssiges Gelände gut von einer hölzernen Aussichtplattform eingesehen werden kann. Da aber ein Wildgehege kein Streichelzoo ist, lässt sich das hier wohnhafte Damwild nicht zu jeder Tageszeit blicken. Im ungünstigen Falle sind über eine Knopfleiste die verschiedenen Geräusche des unsichtbaren Wildes per Lautsprecher abrufbar, unter denen die Brunftrufe des paarungswilligen Hirsches besonders ehrfurchtgebietend sind.

Adresse Wanderparkplatz Tiergarten, Güterweg, 57076 Siegen-Weidenau, Führungen mit Stadtförster Heitze, Tel. 0271/4044818 | **ÖPNV** Bus R 10 bis Weidenau Brückenstraße | **Tipp** Vor der Ameisen-Skulptur öffnet sich der Wald. Wer über die weite Grünfläche zum frei stehenden Ahorn hinüberspaziert, genießt von dort einen einmaligen Blick über Siegen inklusive Oberstadt.

93_Der karolingische Fußboden der Martinikirche

Siegens älteste (und versteckteste) Stelle

Wer nicht weiß, wo dieser uralte Fußboden liegt, wird ihn nie finden. Das liegt zum einen daran, dass die Plexiglasscheibe, die den ältesten Teil Siegens aus dem 10. Jahrhundert bedeckt, unter den ahnungslosen Fußtritten der Kirchenbesucher inzwischen nahezu blind geworden ist. So wird man zunächst vielleicht den Fußboden unter dem romanischen Taufbecken für die gesuchte Stelle halten, der zwar verdächtig neu wirkt, dem Mosaik aus der Karolingerzeit aber zumindest stilistisch ähnelt. Das Taufbecken im vorderen linken Teil der Kirche ist kein schlechter Anfang bei einer Besichtigung, zumal es auf ein stattliches Alter von knapp 800 Jahren zurückblicken kann, gefolgt von seiner Nachbarin vorne rechts, der mittelalterlichen Martinsglocke aus dem Jahre 1481.

Besonders interessant wird der Besuch der Martinikirche, wenn einer der Ehrenamtlichen (ohne deren Engagement eine »Offene Kirche« nicht denkbar ist) die Beleuchtung des – bis dahin verborgenen – karolingischen Fußbodens einschaltet und dem Besucher darüber hinaus vielleicht sogar gestattet, die Plexiglasplatte ein wenig anzuheben. Unmittelbar vor dem nördlichen Seiteneingang erblickt der Betrachter sodann zwischen den Trägern der Glasplatte und 92 Zentimeter unterhalb des heutigen Kirchenbodenniveaus die gut erhaltenen Reste eines Sonnenmosaiks mit fünf Strahlenkränzen, bestehend aus abwechselnd angeordneten grauen und ockerfarbigen Tonkacheln. Im Zentrum dieses 6,8 mal zwei Meter großen Mosaiks dürfte früher das Kreuz und mit diesem Symbol Christus als das Licht der Welt zu sehen gewesen sein, was sich freilich heute nur noch erahnen lässt. Ebenso wie die herrschaftliche Burgkapelle, in deren Gemäuern sich das Mosaik vor rund 1.000 Jahren und damit lange vor dem Bau der eigentlichen Martinikirche befunden haben dürfte.

Adresse Grabenstraße 27, 57072 Siegen, www.martini-siegen.de | **ÖPNV** diverse Busverbindungen, Haltestelle Kölner Tor | **Öffnungszeiten** Mai–Sept. Di–Do 15–18 Uhr | **Tipp** Die Besichtigung empfiehlt sich in Verbindung mit dem Besuch eines der beliebten Kantatengottesdienste, die vom überregional bekannten Bach-Chor mitgestaltet werden (www.bachchor.de).

94__Kathreiner's Kaffeerösterei

Duft im Dorf samt Koffein

Eigentlich macht auf dem Dorf heutzutage ja so ziemlich alles dicht. Hier dagegen wird aufgemacht, was schon einigermaßen erstaunlich ist. Neueröffnungen von Cafés mit eigener Rösterei würde man vielleicht in Berlin-Kreuzberg erwarten, aber kaum in Siegen-Seelbach. Die Kathreiners hat das nicht davon abgehalten, gegen den Strom zu schwimmen und unbeirrt ihrer Nase zu folgen, und in die stieg irgendwann: Kaffeeduft.

Das scheint zunächst ganz selbstverständlich zu sein, denn wer Kathreiner heißt, der hat, so könnte man meinen, von Haus aus eine natürliche Affinität zum Kaffee, wenn auch vielleicht nur zu seiner ausgebremsten Variante, dem Muckefuck. Dabei hat Björn und Judith Kathreiner der Malzkaffee gleichen Namens nie wirklich interessiert, und auch echter Kaffee lag zunächst gänzlich außerhalb ihrer Ambitionen. Bis der Genießergaumen der beiden eines Tages auf einen Kaffee stieß, der so ganz anders schmeckte als das, was zu Hause jeden Tag traurig aus dem Papierfilter der röchelnden Kaffeemaschine tröpfelt. Die Experimentierlaune und der Ehrgeiz der Kathreiners waren angestachelt, und was zunächst in Dreis-Tiefenbach mit einem Lädchen seinen Anfang nahm, ist seit Mai 2019 in Seelbach zu einem gemütlichen Café mit Außenterrasse geworden, in dem sich der Charme des Alten nahtlos mit dem Chic des Neuen verbindet.

Alt heißt in diesem Falle: 1630. Das »Wisse Hus« der Großeltern von Judith Kathreiner ist nicht nur eines der ersten Häuser, die in Seelbach gebaut wurden, es gehört auch zu den ältesten Gebäuden des Siegerlands, was die Schieferverkleidung außen zwar nicht unbedingt vermuten lässt, freigelegte Teile der Eichenholzdecke im Inneren jedoch erahnen lassen. Die frisch gerösteten Kaffeesorten stammen aus aller Welt, die Torten und Kuchen aus der Geisweider Konditorei Römer, die Waffeln dagegen aus dem eigenen Eisen, ganz wie es sich gehört.

Adresse Freudenberger Straße 477, 57072 Siegen-Seelbach, Tel. 0271/31760998, www.kathreiners.de | ÖPNV Bus R38 bis Seelbach Ortsmitte | Öffnungszeiten Mi–Sa 9–18 Uhr, jeden 1. und 3. So im Monat 14–18 Uhr | Tipp Etwa zwei Kilometer entfernt, Richtung Freudenberg, befindet sich hinter dem alten Mühlenteich der Seelbacher Weiher, der seit 1927 als Naturschwimmbad genutzt wird.

95_Der Kräutergarten im Schlosspark

Bienenoase in historischem Ambiente

Unter den zahllosen Grün- und Buntflächen, die von der Pflegekolonne des Siegener Schlossparks unermüdlich mit Leben gefüllt werden, ist der Kräutergarten ein Neuling. Was natürlich nicht stimmt, denn ein Kräutergarten gehörte schon seit jeher zu einem anständigen Schloss, das mehr Wirtschaftsgebäude denn Palast war. So ist der Kräutergarten in Siegen auch Juliana Gräfin zu Stolberg-Wernigerode (1506–1580, Mutter von Wilhelm dem Schweiger, Ort 89) gewidmet, die in Dillenburg einen Kräutergarten besessen haben soll und ihre Gartenerzeugnisse an Bedürftige weitergab.

Mit dem heutigen Kräutergarten wird dagegen Wissen über die Flora weitergegeben und der Blick geschärft für die eher unscheinbaren Pflanzenarten, die für Insekten immer schon attraktiv waren und von uns Heutigen zunehmend wiederentdeckt werden. Unter den rund 50 verschiedenen Pflanzen, angesiedelt auf vier Terrassen aus Bruchstein, befinden sich neben bekannten Küchen- und Heilkräutern (Rosmarin, Borretsch, diverse Minze- und Thymianarten) auch unbekanntere Gewächse wie Beinwell, Wirbeldost und Herzgespann, die besonders gern von fleißigen Bestäubern angesteuert werden. Menschliche Lebewesen besuchen den Garten vor allem, um seine grünende, blühende, duftende Vielfalt aufzusaugen, die zudem reichlich Inspiration für die Gestaltung des eigenen Gartens bietet.

Dauerhafte Staudenpflanzen, um die man sich nicht groß kümmern muss, gedeihen neben den Einjährigen, und solche, die es trocken mögen, in nächster Nachbarschaft zu denen, die auf Feuchtigkeit Wert legen. Damit im bunten Miteinander der Gartenbewohner keine Eintönigkeit aufkommt, wird von kundiger Seite immer wieder Neues angepflanzt. Besondere Momente des Verweilens auf höchster Ebene verspricht die Bank des Kräutergartens, von der aus sich das sprießende Ensemble genussvoll überblicken lässt.

Adresse Schlosspark am Oberen Schloss, Burgstraße, 57072 Siegen | **ÖPNV** Bus C 107 bis Siegen Rathaus | **Öffnungszeiten** täglich 8 Uhr bis Einbruch der Dunkelheit | **Tipp** Zwischen Mai und Sept. wird der Besucher des Parks sonntags um vier vom Musikpavillon aus mit allerlei Wohlklängen versorgt (siehe dazu www.siegen.de unter »Kultur & Tourismus«). Für Fragen rund um den Kräutergarten steht Biologe Lothar Radtke zur Verfügung (Tel. 02733/3364).

96 Die Kulturscheune Sonnenhof

Solarkraft in Breitenbach

Am schönsten ist Kultur immer, wo man nicht mit ihr rechnet, weit weg von der »Szene« und nah genug, um für Städter auffindbar zu sein. Die Kulturscheune von Frank und Tina Büdenbender befindet sich im »Siffehof«, einem alten Bauernhaus aus dem Jahre 1757, das sich durch ihre jetzigen Besitzer in den Sonnenhof verwandelt hat und dessen buntes Scheunentor sich beim Hoffest zweimal im Jahr für Musik und Kleinkunst öffnet.

Schon die Hinfahrt ist eine Wohltat, denn hat man sich in Kaan-Marienborn erst einmal dem lärmigen Stadtverkehr entwunden, folgt nach dem Freibad ein gemütliches grünes Tal, in dessen Verlauf man Volnsberg links liegen lässt, um schließlich das Dörfchen Breitenbach zu erreichen, wo man an der alten Kapellenschule rechts abbiegt. Wer meint, dass renommierte Künstler wohl kaum den Weg dorthin finden, wo sieben Schafe, vier Gänse, zwei Schweine, vier Pferde und acht Hühner zum Personal gehören, der irrt. Frank Büdenbender gelingt es seit Jahren erfolgreich, interessante Singer-Songwriter, Folk-Musiker und Bands abzufangen, die ohnehin gerade in der Gegend sind. Und wäre das naturbelassene Ambiente des Sonnenhofs mit seiner unvergleichlichen Landwirtschaftspatina nicht so reizvoll, hätten sich weder der Liedermacher Götz Widmann noch die Rockgruppe »Ton Steine Scherben« zu einem Auftritt in Breitenbach breitschlagen lassen. Aber: Sie kommen, und zwar weitestgehend unplugged (also wohlklingend statt ohrenbetäubend). Und mit ihnen mindestens 80 Menschen, die in der Scheune vor der charmanten Bühne Platz finden und deren Anzahl sich bei gutem Wetter vor der Scheune locker verdoppelt.

Die Verköstigung der Zuhörer erfolgt aus rustikalen Holzverschlägen auf dem Hof, wobei das Essen erfreulicherweise vegan ist, denn außer den kulturbegeisterten Besuchern des Sonnenhofs sollen auch dessen ständige Bewohner das Recht haben, glücklich zu sein.

Adresse Breitenbacher Straße 381, 57074 Siegen-Breitenbach | **ÖPNV** Bus R 12 bis Kaan-Marienborn Ortsmitte, C 109 bis Breitenbach Kapelle | **Öffnungszeiten** nur zu Veranstaltungen, siehe Facebook | **Tipp** Oberhalb des Hofes befindet sich die Werkstatt des Orgelbaumeisters Mathias Mebold, der nach Absprache Gruppenführungen anbietet: www.orgelbau-mebold.de.

97_Der Lokschuppen

Altes Eisen im Halbkreis

Wer nach dem Einkauf in Siegens Stadtmitte noch einen Abstecher zum anderen Ufer der Bahngleise machen möchte (was dank der »neuen« Fußgängerbrücke nur noch ein Katzensprung ist), hat vielleicht Glück, findet drüben den hübsch dekorierten Eingangsbereich des Lokschuppens geöffnet und erwischt Hans-Joachim Bäcker bei der Arbeit. In Halle 1–13 restauriert der passionierte Eisenbahner seine stählernen Schätzchen und sorgt dafür, dass die Lokomotiven des Südwestfälischen Eisenbahnmuseums (Halle 14–21) und andere ihm anvertraute Fahrzeuge wieder in altem Glanz und Lack erstrahlen.

In leuchtendem Rot erstrahlt die perfekt wiederhergestellte Kö 0188, eine Kleinverschublok aus dem Jahre 1936. Einen bunten Farbrausch verströmt das Gehäuse einer schlanken Elektrolok der Baureihe 103 mit dem treffenden Spitznamen »Blümchenwiese«, wogegen sich der Schienenbus der Kleinbahn Weidenau-Deuz in dezente Mint-Töne (genauer gesagt: Resedagrün) hüllt. In klassischem Schwarz mit rotem Unterbau präsentiert sich die filigrane Dampflok 57 3088 aus dem Jahre 1928, die Bäcker mit der Verschublok Kö 3 für ein repräsentatives Foto auch gern mal aus dem Stall holt. Im Weg stehende Fahrzeuge werden über die Drehscheibe auf einem Nachbargleis abgestellt und das gewünschte Objekt dann dem Fotografen zugeführt.

Am spektakulärsten sind solche Rangiermanöver beim jährlich stattfindenden Lokschuppenfest, bei dem die Veteranen des Museums (und die der befreundeten Museumskollegen von auswärts) vor die Tür gezogen werden und dann dampfend, tönend, abends auch effektvoll leuchtend im fotogenen Halbrund zu bestaunen sind.

Bestaunen kann man die Lokomotiven des Museums sowie das denkmalgeschützte Ensemble von Ringlokschuppen, Drehscheibe und Verwaltungsgebäude nach persönlicher Absprache, und dann, wenn sich der freundliche Herr Bäcker gerade bei der Arbeit befindet.

Adresse An der Unterführung 22, 57072 Siegen, Tel. 0271/3136209 oder 0151/67445352, www.sem-siegen.de | ÖPNV diverse Busverbindungen, Haltestelle Siegen ZOB | Öffnungszeiten sind telefonisch zu vereinbaren | Tipp Nach dem Besuch die Bahnhofseite wechseln und vor Gleis 1 im Baguette-Laden (Ort 76) ein »Bonjour« bestellen, damit der Tag *noch* schöner wird!

98 Monte Schlacko

Der Zuckerhut von Geisweid

Schon von Weitem ist der seltsame Hügel deutlich zu erkennen, der mit seiner Höhe von 373,8 Metern die höchste Erhebung von Siegen ist (wenn auch inoffiziell) und schon lange als das Wahrzeichen des Stadtteils Geisweid gilt. Die verdächtig gleichmäßige Kegelform und glatte, helle Oberfläche legen jedoch nahe, dass dieses merkwürdige Gebilde nicht auf natürlichem Wege entstanden ist.

Der Monte Schlacko ist eine Hinterlassenschaft der Bremer Hütte, einem Stahlwerk, das von 1900 bis 1930 am Hang des Haardter Berges die Schlacke seiner Hochöfen entsorgte, wodurch die Halde nach und nach zu ihrer heutigen Form und Höhe heranwuchs. Die Beförderung der damals noch nutzlosen Schlacke erfolgte per Seilbahn, und wer genau hinschaut, kann noch heute auf dem Monte Schlacko statt eines Gipfelkreuzes die Reste jener Eisenpfeiler erkennen, die früher einmal Seil, Bahn und Schlacke stemmten.

Manchmal, wenn auch nicht häufig, verhelfen menschengemachte Landschaftsveränderungen der Natur zu ihrem Recht zurück, was auch für den Monte Schlacko gilt. Auf der bewaldeten Nordseite leben inzwischen ein paar seltene Tier- und Pflanzenarten, die sich auf dem Gelände mit seinem kalk- und silikathaltigen Boden pudelwohl fühlen (und die man in ihrem Naturschutzgebiet lieber nicht stört!), während die frei liegende Südseite so trocken und nährstoffarm ist, dass weder Flora noch Fauna sich für sie haben begeistern können, der Südlage zum Trotz.

Der seltsame Berg steht auf einem Werksgelände und darf leider nicht betreten werden. Wer sich ihm nähern möchte, der könnte dies über den ebenso seltsam anmutenden Fahrradweg tun, der von Siegen-Zentrum Richtung Geisweid führt (Zufahrt: Ende Tiergartenstraße / Siegufer). Fahrradwege, die an einem Fluss entlangführen und zugleich unter stark befahrenen Schnellstraßen zwischen mächtigen Betonpfeilern hin und her mäandern, sind nämlich sonst rar gesät.

Adresse 57078 Siegen-Geisweid, unterhalb der Gerhart-Hauptmann-Straße | ÖPNV Bus R 10 bis Geisweid Rathaus | Tipp Kulinarische Anlaufstellen im ansonsten etwas tristen Geisweid sind das alteingesessene Café Römer (Rijnsburger Straße 4) mit seinen stadtbekannten Schiffchen und die beliebte Pizzeria Da Pino (Röntgenstraße 9). Ebenfalls in Geisweid: das Beatles-Museum (Ort 77) und der Flohmarkt (Ort 87)!

99 Das Onnerdorf von Niederschelden

Inselidyll in Kreta-Nähe

Schön haben's die Insulaner! Ihr Dorf ist das einzige im gesamten Kreis Siegen-Wittgenstein, das tatsächlich verdient, als Insel bezeichnet zu werden, denn gleich nach der Bühlstraße macht die Sieg einen solch ausladenden Bogen um Niederschelden, dass sein alter Ortskern vom Fluss fast kreisrund aus der Landschaft herausgeschnitten und – was das Schöne ist – von der Neuzeit nahezu abgeschnitten wird.

Der Weg dorthin mit dem Auto ist *nicht* besonders schön: Entweder man nimmt die seelenlose Schnellverbindung der B 62 und ist schnell da, oder aber man fährt die Siegtalstraße ab Eiserfeld und bleibt dann kurz vorm Ziel regelmäßig an der geschlossenen Bahnschranke hängen. Ganz unbehelligt von den Übellaunigkeiten der motorisierten Fortbewegung zeigt sich das »Onnerdorf«, das Unterdorf von Niederschelden, welches sich inmitten des nervtötenden Straßenverkehrs kurz vor der Grenze zu Rheinland-Pfalz eine entschleunigte Gemütsruhe bewahrt hat, die an entschwundene Zeiten erinnert. Die meisten Eigenheime sind Fachwerkhäuser (einige davon verschiefert), viele Zäune sind aus geschmiedetem Eisen und mit altmodischen Ornamenten verziert, in den Vorgärten dahinter wachsen duftende Flieder und üppige Rhododendren, einige der Gärten sind britisch gepflegt, andere eher lauschig verwildert.

Was die erwähnte Bühlstraße betrifft: Im Volksmund wird der Bereich am Bühlrücken rechts neben der Eisenbahnstrecke »Auf Kreta« genannt. Dieser Ortsteil wurde erst Ende des 19. Jahrhunderts gegründet, und die Siedler waren zumeist junge Familien mit reichlich Kindern, die für manchen Streit sorgten. Zeitgleich bekämpften sich damals auf der Insel Kreta Griechen und Türken – in einer Heftigkeit, die stark an die Bühlstraße erinnerte. Heute ist es rund um das Inseldorf sehr viel friedlicher, in der Nähe von Kreta liegt es aber noch immer.

Adresse 57080 Siegen-Niederschelden, Hauptstraße im »Onnerdorf« ist die Zeil | **ÖPNV** Bahn bis Niederschelden oder Bus C 101 bis Niederschelden Ortsmitte | **Tipp** Das Inseldorf ist von Siegen aus bequem mit dem Rad zu erreichen. Beginn der Tour (vielleicht auch Ziel): Biergarten Zur Hammerhütte, Kirchweg 79, dann Wiesenstraße, vorbei am Historischen Schlachthaus, danach den Fahrradweg entlang der Sieg nehmen.

100 Das Planetenmodell

Weltraum zum Anfassen

Eigentlich ist schon der Gasometer eine Besonderheit. Wer mit dem Auto, von der A 45 kommend, die Stadtautobahn Richtung Siegen-Mitte nimmt, fährt unmittelbar vor Einfahrt in den Ziegenbergtunnel an dem etwas versteckten, aber doch gut sichtbaren Kleinkoloss vorbei (Durchmesser: knapp 16 Meter, Baujahr: circa 1934/35), der zu den ältesten erhaltenen Gasbehältern in Kugelform zählt. Schon die spezielle Bauart stellt eine Besonderheit dar, denn von Gaskugelbehältern in genieteter Form sind weltweit nur noch vier weitere Exemplare bekannt, weshalb der Siegener auch denkmalgeschützt ist.

Das eigentlich Originelle am Gasometer entdeckt man jedoch, wenn man sich dem Kugelbehälter von der Stadt, das heißt vom Ziegenberg oder Fischbacher Berg her nähert, was manchmal im Sommer, wenn das Gelände von allen Seiten zugewuchert ist, nicht unbedingt auf Anhieb gelingt. Hat man den Zugang jedoch gefunden, der sich unmittelbar vor dem Haus Achenbacher Straße 10 befindet, betritt man plötzlich und gänzlich unerwartet eine verwunschene kleine Parkanlage, auf deren Fläche die Planeten des Sonnensystems als Edelstahlkugeln abgebildet sind, in maßstabsgetreuer Größe, wobei der benachbarte Gasometer als Sonne den ehrfurchtheischenden Bezug bildet. Früher fanden, wie man munkelt, im Inneren der Sonne übrigens rauschende Partys statt.

Was mit der ursprünglichen Idee des Architekten Bernd Rabanus begonnen hatte, den Gasometer zu einem Riesenglobus umzugestalten, wuchs sich in Verbindung mit dem angrenzenden Park zu Europas größtem Planetenmodell aus, das durch die Unterstützung von rund 800 einheimischen Firmen und Einzelpersonen ermöglicht wurde. Ihre Namen stehen auf eigens angebrachten Bronzetafeln, und wer als Siegerländer in den Weiten des Ziegenberg-Weltraums schwelgt, muss damit rechnen, in der Nähe des Saturns auf alte Bekannte zu treffen.

Adresse gegenüber Achenbacher Straße 10, 57072 Siegen | ÖPNV Bus C 113 bis Siegen Ziegenberg | Öffnungszeiten ganzjährig rund um die Uhr | Tipp Wer den Namen des Autors zwischen den Edelstahlkugeln findet, bekommt von ihm zwei Kugeln Schiefereis in Ort 85 spendiert.

101 Rainers Plattenladen

Standhaft ohne Web

Natürlich kann man Musik per Mausklick ordern, wie inzwischen fast alles, was der Mensch zum Leben braucht. Ob der Mensch dann allerdings noch lebt, ist die Frage, die sich Rainer Stein gar nicht erst gestellt hat. Seinen Internetshop sucht man im Netz vergebens, und auch mit Rainers Webseite tun sich die Suchmaschinen schwer, ganz einfach, weil es beide nicht gibt.

Rainers Plattenladen gibt es schon seit über 20 Jahren, ganz real und analog, immer an derselben Stelle in der Oberstadt, dort, wo die Straße für ein paar Meter mal so gut wie ebenerdig ist, bevor es wieder steil bergab geht. Was hat es hier oben nicht schon alles für Geschäfte gegeben! Gewürze konnte man kaufen, Musikinstrumente, Spielzeug, Feinkost und Antiquitäten. Alles Schnee von gestern, was der von heute ja auch bald sein wird. Rainers Plattenladen dagegen gibt es immer noch, als einzigen in einer ansonsten vinylfreien Region (planetengroße Warenlager mit unsichtbarem Personal zählen da nicht mit).

Vermutlich aufgrund des sicheren Wissens, dass neu nicht immer gut und alt noch immer klasse ist, gibt es in diesem Fachgeschäft für klingende Drehscheiben keine Neuware, weshalb Rainers Plattenladen als Bastion gegen den Konsumterror angesehen werden darf, die der Wohlstandsgesellschaft mit ihrer Wegwerfmentalität gelassen die Stirn bietet. Dazu passt der thematische Schwerpunkt des Ladens, in dem die 1960er und 1970er Jahre mit Blues und Rock dominieren, besonders der mit der rausgestreckten Zunge. Mit den Rolling Stones kam der Stein hier gewissermaßen ins Rollen, wo der Rubel noch sehr viel gemächlicher rollt als in all den vollgepfropften Megamärkten.

Rainers Treffpunkt für Jäger und Sammler hält in der Oberstadt die Stellung mit gut abgehangener Vollkraftmusik, die den Geldbeutel nicht mehr belastet als das Fast-Food-Menü einer Dickmacherkette, allerdings sehr viel mehr Power liefert.

Adresse Marburger Tor 3, 57072 Siegen, Tel. 0271/3300516 | **ÖPNV** Bus C 107 bis Siegen Marburger Tor | **Öffnungszeiten** Mo – Fr 11 – 17 Uhr, Sa 10 – 12.30 Uhr | **Tipp** Rückzugsgebiete für das Cover-Studium und die Booklet-Lektüre finden sich gleich nebenan: die Gaststätte Harr (Ort 86), das Café Flocke (Marburger Straße 45) und die Pizzeria San Marino (Marburger Tor 1).

102 Die Schlüsselstelle

Bouldercafé im Fabrikgebäude

Als Schlüsselstelle bezeichnet man beim Klettern den schwierigsten Punkt, den Knackpunkt, nach dem alles leichter wird. Für Daniel und Markus Jung bestand ein besonderer Knackpunkt darin, für ihren Traum, die eigene Kletterhalle, eine geeignete Räumlichkeit zu finden. Im Dezember 2014 war dieser Punkt endlich überwunden, und die beiden konnten in der ehemaligen Dreherei der Metallgießerei Charlottental ihre »Schlüsselstelle« eröffnen. Mit seinem Industriecharme und seiner freakigen Lage unterhalb einer Schnellstraßenzufahrt ist das Bouldercafé inzwischen zu einem beliebten Treffpunkt geworden, der wegen seiner besonderen Atmosphäre nicht nur Kletterer anzieht.

Im vorderen Bereich, zur Straße hin gelegen, befindet sich der Verweilteil der »Schlüsselstelle«, der mit seiner modern-rustikalen Innenausstattung gekonnt an den altmodisch-rustikalen Stil des Backsteingebäudes anknüpft. Es gibt Flammkuchen und Pizza, Kaffee aus eigener Bohnenmischung (der »Boulderbohne«) sowie fränkisches Bier, das die Jungs aus ihrer Hausbrauerei in Oberailsfeld beziehen, was sie oft mit einer kleinen Kraxeltour in der Fränkischen Schweiz verbinden.

Der Bewegungsteil liegt im hinteren Bereich und nimmt die weitaus größere Fläche ein, denn die drei bis 4,5 Meter hohen Kletterwände mit ihren unterschiedlichen Neigungsgraden brauchen viel Platz, genauso wie die Polstermatten, auf die man schmerzlos herabstürzen kann. Eine Sicherung mit dem Seil ist wegen der moderaten Höhen beim Bouldern nicht erforderlich, das sich auch weniger als Ersatz fürs Bergklettern versteht, sondern eher als ein Bewegungsspiel zu betrachten ist. Dabei wird über die Greifelemente (in acht Schwierigkeitsgraden) der Sinn für Beweglichkeit und Balance geschult, zugleich aber auch körperliche Ausdauer und taktisches Denken trainiert, ohne die der Weg nach oben nicht möglich ist, genau wie im richtigen Leben.

Adresse Bismarckstraße 81, 57076 Siegen-Weidenau, Tel. 0271/77008220, www.boulderhalle-siegen.de | ÖPNV Bus R 16 bis Siegen Sieghütte | Öffnungszeiten Mo, Di, Do, Fr 14–23 Uhr sowie Mi, Sa, So 10–23 Uhr | Tipp Nur drei Straßen weiter (In der Hüttenwiese 24) befindet sich das »Belle Epoque«, bekannt wegen seiner umfangreichen Plattensammlung. Musikrichtung: Rock, Essen: Gyros.

103__Der Sieg-Werthe-Weg

Strampeln (fast) ohne Steigung

Ja, es gibt im Siegerland eine nahezu ebene Fahrradstrecke durchs Grüne, die auch dann noch ohne Schweißausbrüche zu meistern ist, wenn der E-Bike-Akku streikt. Kein offizieller Fahrradweg zwar, aber: ein schöner und interessanter!

Er beginnt (zum Beispiel) da, wo die Tour auch genussvoll enden könnte: am Biergarten »Gartenhaus« hinter der Unterführung des Weidenauer Bahnhofs. Von hier aus führt der Weg zunächst über die Siegtalstraße bis nach Dreis-Tiefenbach. Auf der linken Seite: die garstigen Zweckbauten der Siegerländer Industrie, die zur rechten Seite einen bizarren Kontrast bilden, wo stattliche Unternehmervillen und Bürgerhäuser aus der Gründerzeit neben verloren wirkenden Fachwerkhäusern (mit und ohne Schiefer) standhaft die Schönheit vergangener Zeiten verkörpern. Besonders beachtenswert: an der Ecke Siegtalstraße/Schmiedestraße das Haus von Bürgermeister Johannes Breidebach aus dem Jahre 1770 (unverkleidet) und das Haus Siegtalstraße Nummer 71 (komplett verkleidet, zum Teil mit Schiefer in Herzchenform).

In Dreis-Tiefenbach mündet der Weg über die Austraße (an der Siegbrücke kurz mal die Uferseite wechseln!) in ein weites grünes Tal, durch das sich die Strecke bis nach Netphen windet. Hier erinnert der in Fels gehauene Seufzer eines arbeitslosen Bergmanns an schwierige Zeiten (1926): »Auf diesem Weg war Arbeit satt, blos die Scheine waren knapp«. Kurz danach stößt der Weg dann auf den Netpher Radring mit einem radelnden Wildschwein als Symbol, dem man nun bequem folgen kann.

Nach Deuz kommt das Sahneschnittchen: vor der Sieg rechts abbiegen und über sanfte Anstiege und Abfahrten in leichten Wellenbewegungen durch das lauschige Werthetal, bis man schließlich hinter Irmgarteichen die Wasserburg Hainchen erreicht (Ort 69). Die Sieg-Werthe-Tour dauert etwa zwei Stunden, und wer morgens losradelt, hat, wenn die Sonne scheint, dieselbe im Gesicht.

Adresse Start am »Gartenhaus« (www.gartenhaus-siegen.de), Auf den Hütten 12, 57076 Siegen-Weidenau | **ÖPNV** Bahn bis Siegen-Weidenau | **Tipp** Interessant für Familien mit Kindern ist der Bürgerpark »Bühlgarten interaktiv« in Netphen-Deuz, ein rund 6.000 Quadratmeter großer Bewegungsparcours, an dem die Strecke vorbeiführt, etwa dort, wo Sieg und Werthe zusammenfließen.

104 Die Trupbacher Heide

Friedliches Paradies um die Ecke

Wie schön das Leben sein kann, wenn sich das Militär endlich verzieht, beweist besonders eindrücklich die ausgedehnte Fläche unter hohem Himmel, wie er sich über Trupbach, Alchen und Birlenbach wölbt. Von 1936 bis 1993 wurde die Hochebene (höchster Punkt: 396 Meter) von den lärmenden, alles zermalmenden Kettenpanzern der Wehrmacht, der alliierten Belgier und der Bundeswehr durchpflügt, bevor sie schließlich grasenden Schafen, ruhesuchenden Spaziergängern und sich selbst überlassen wurde. So kommt es, dass man hier heute, fernab der Zivilisation und dabei doch gleich um die Ecke, auf ein friedliches Idyll stößt, das man an dieser Stelle kaum erwarten würde.

Nicht nur Wanderer atmen hier oben auf, sondern vor allem die Pflanzen und Tiere, die im Zeitalter der Intensivlandwirtschaft andernorts längst den Kürzeren gezogen haben, sich in der Trupbacher Heide aber ungestört entfalten können: Wald-Läusekraut und Kreuzblümchen, Dukatenfalter und Schwalbenschwanz, Wiesenpieper und Heidelerche. Besonders ist es jedoch die Besenheide, die Mitte/Ende August Naturliebhaber in ihren Bann zieht und die Trupbacher Heide in einen herrlichen Farbteppich verwandelt. Die weit verstreuten rosa Krautbüschel der Erika heben sich eindrucksvoll von den bescheidenen Grüntönen der Magerwiesen und Ginstersträuche ab, bei bedecktem Himmel in ruhigen, fließenden Farbübergängen, bei Sonnenschein in hellem, kräftigem Kontrast.

Am schönsten ist die Trupbacher Heide am frühen Morgen kurz nach Sonnenaufgang, an einem ganz gewöhnlichen Wochentag, wenn die Wolken noch schläfrig in den umliegenden Tälern liegen und der Tau noch in den hauchdünnen, kunstvollen Spinnweben am Ginsterbusch hängt – Meisterwerke der Tierwelt, die ohne Tau wohl kaum jemand bemerken würde. Zu dieser Zeit des Tages mit ihrem milden, weichen Licht scheint der Himmel hier besonders nah, mit oder ohne Wolken.

Adresse Parkplatz Abendröthe zwischen Trupbach und Birlenbach, Trupbacher Straße, 57078 Siegen | ÖPNV Bus C 117 bis Trupbach Wende | Tipp Damit das Gelände nicht verholzt oder verbuscht, wird die Heide von Schafen bewirtschaftet. Die Herde kann besucht werden. Auskunft zum Weideort erteilt Schäfer Armin Küthe aus Meiswinkel, Tel. 0170/2784570.

105 Die alte Linde in Niederdielfen

Vom Gasthaus zur Kulturkneipe

Was passiert, wenn Menschen mit geballter Kraft ans Gelingen glauben? Die Antwort liefert das Gasthaus »Zur alten Linde«. Mehr als 250 Jahre gibt es die Linde schon in Niederdielfen, 1775 wird ihr Besitzer, eine Familie Gerhard, namentlich erwähnt. Deren Nachkommen, allesamt Burgmanns, betrieben die Linde bis ins 20. Jahrhundert als Schankstätte. 1944 wurde sie verpachtet, 1959 verkauft. Eigentümer und Pächter kamen und gingen, bis das Gasthaus im Jahre 2011 plötzlich geschlossen wurde und über ein Jahr lang stillstand. Abrisspläne machten die Runde, sorgten für Schrecken und Empörung unter der Bevölkerung, führten aber auch zum Aufbegehren der Dielfer, die sich ihre Linde mit zäher Hartnäckigkeit zurückeroberten und sie in unzähligen freiwilligen Arbeitsstunden wieder zum schmucken Dorfmittelpunkt machten.

Heute wird die Linde als Begegnungsstätte durch einen Bürgerverein betrieben, der das Haus 2014 für 99 Jahre im Erbbaurecht erwarb und es seit der erfolgreichen Kaperung mit Kaltgetränken und Kultur versorgt. Freitags und samstags mutiert die gemütliche Gaststube mit ihren niedrigen Decken und durchgebogenen Querbalken zum Wohnzimmer von Niederdielfen, in dem neben dem alten Kachelofen auch wieder – wie früher – eine Jukebox steht.

Seitdem das Jahresprogramm der Linde in gedruckter Form vorliegt, kann sie sich über verstärkten Besuch ihrer Veranstaltungen freuen, die etwa monatlich nebenan im kleinen Festsaal stattfinden. Wenn locker-leichte Jazzklänge durch die Räume schweben, Irish Folk das Gebälk zum Beben bringt und Kabarett das Zwerchfell erschüttert, haben alle Lindenbesucher verstärkten Glanz auf den Augen. Bei solchen Anlässen mit vollem Haus geht den beiden Ingrids die Arbeit besonders locker von der Hand, die als eingespieltes Team in der Linde regelmäßig hinterm Tresen stehen.

Adresse Weißtalstraße 2, 57234 Wilnsdorf-Niederdielfen, Tel. 0172/6218238, www.bv-zur-alten-linde | ÖPNV Bus R 12 bis Niederdielfen Brücke | Öffnungszeiten Kneipe: Fr–Sa ab 19 Uhr, Linden-Café: jeden 2. So im Monat 14.30–16.30 Uhr | Tipp Für verpflegungsbedürftige Wandergruppen macht die Linde nach Absprache auch außerhalb der Öffnungszeiten auf.

106 Die Autobahnkirche

Stille neben Lastkraftwagen

Es gibt wohl kaum jemanden, der beim ersten Betreten dieses Gotteshauses nicht erstaunt wäre. Meist huscht dem Besucher ein Lächeln über die Lippen, denn nachdem er sich auf dem Areal des Wilnsdorfer Autohofes an all den Tankstellen, Fast-Food-Restaurants, parkenden Personen- und Lastkraftwagen erfolgreich vorbeigewunden hat, rechnet er wohl kaum mit dem schlichten, filigranen Innenleben der Kirche, in dessen geschwungener Holzwabenkonstruktion sich an zahllosen Öffnungen geschmeidig das Tageslicht bricht. Der Eindruck beim Betreten ist umso stärker, als das äußere Erscheinungsbild dem warmen Zusammenspiel von Licht und Naturmaterialien im Inneren kontrastvoll gegenübersteht – schon von Weitem ähnelt das gezackte kaltweiße Gebäude eher dem (freilich meist schwarzen) Piktogramm der Autobahnbeschilderung als einem realen Gebäude.

Man betritt die Kirche auf asphaltähnlichem Untergrund über eine Art Rampe, die spitz zulaufend zur Eingangstür hinaufführt. Rechts der Tür prangen, als Metallapplikation in automobiler Chromästhetik, die Lettern des Psalmwortes, mit dem die Autobahnkirche ihre Besucher willkommen heißt: »Er hat seinen Engeln befohlen, dich zu behüten auf allen deinen Wegen.« Willkommen und behütet fühlt man sich in der Autobahnkirche Siegerland wie in wenigen anderen Sakralbauten der Gegenwart.

Hört man sich im Siegerland nach besonderen Orten um, ist es nur eine Frage der Zeit, bis der Sakralbau der Frankfurter Architekten Schneider und Schumacher genannt wird, der seit seiner Fertigstellung im Jahre 2013 zu den Lieblingskirchen der Siegerländer avanciert ist. Die Autobahnkirche wird nicht nur für das stille Innehalten aufgesucht, sondern auch für Veranstaltungen genutzt, bei denen freilich die leisen Töne stets im Vordergrund stehen, ganz so, wie es dem sensiblen Charakter dieses ungewöhnlichen Bollwerks der Ruhe geziemt.

Adresse Autohof Wilnsdorf, Elkersberg, 57234 Wilnsdorf, Ausfahrt Wilnsdorf (23) der A 45, www.autobahnkirche-siegerland.de | **ÖPNV** ist bei einer Autobahnkirche nicht vorgesehen | **Öffnungszeiten** ganzjährig rund um die Uhr | **Tipp** Jeden Fr um 18 Uhr findet in der Autobahnkirche die überkonfessionelle Wochenschlussandacht an.

107 Der Birkenhof

Landwirtschaft, wie sich's gehört

Essen und Trinken darf ja nichts kosten. Noch immer gibt der Deutsche lieber Geld für Autos und Urlaub als für Nahrungsmittel aus. Viele Landwirte lassen sich bei ihrer Billigproduktion nicht allzu gern in die Karten schauen. Schließlich soll dem Knauser ja nicht der Appetit vergehen.

Auf dem Birkenhof laufen die Dinge anders, denn auf diesem Allround-Bauernhof stehen die Türen offen, natürlich mit Ausnahme der Bereiche, wo es streng hygienisch zuzugehen hat (wie etwa der Molkerei und Bäckerei). Hier lassen sich die Kühe in ihren Ställen bei der Futteraufnahme nicht von Neugierigen aus der Ruhe bringen. Und die sonst so sorgsam versteckten Schweine, bei denen der Bauer um jedes Gramm Verbrauchermasse fürchtet, das durch Menschenkontakt verbrannt werden könnte, hier liegen sie sogar beim Besuch von Schulklassen noch faul und behaglich in ihrem Gehege.

Zu den entspannten, maßvollen Spielregeln der biologisch-dynamischen Landwirtschaft, denen sich der Birkenhof verpflichtet hat, gehört, dass nur so viele Tiere gehalten werden, wie durch die Fläche ernährt werden können. Der Acker wird nach Fruchtfolge bestellt, welche im Gegensatz zur Monokultur auf den steten Wechsel der Pflanzen setzt, die wiederum mit Eigenmist gedüngt werden. So ergibt sich ein natürlicher Kreislauf, der Massenproduktion von vornherein ausschließt.

Auf dem weitläufigen Birkenhof befinden sich neben einem Hofladen mit (größtenteils) eigenen Produkten auch ein Café, ein Waldorf-Waldkindergarten und ein Wohnhaus mit rüstigen Rentnern, die sich in den Betrieb des Hofes aktiv einbringen können. Und wer wissen will, wie Butter gemacht wird oder welche Vogelstimmen im Frühling rund um das Gelände zwitschern, kann sich bei Veranstaltungen kundig machen, um wieder ein Gespür dafür zu bekommen, wo die Dinge des täglichen Bedarfs und Wohlergehens eigentlich herkommen. Und das ist: schön.

Adresse Birkenhof 1, 57234 Wilnsdorf-Wilgersdorf, www.birkenhof-siegerland.de | ÖPNV Bus R 13 bis Wilgersdorf Birkenhof | Öffnungszeiten Hofladen: Di – Fr 9 – 18 Uhr (Café bis 17 Uhr), Sa 9 – 12 Uhr; zu diesen Zeiten auch Besichtigung von Hof und Tieren | Tipp Gut im Anschluss: eine Wanderung hinauf zur Tiefenrother Höhe (Ort 111), vorbei an der Wacholderheide, oder ein Besuch der Edelkäserei Kalteiche (www.edel-kaeserei.de).

108 Die Gernsdorfer Weidekämpe

Altbäuerliche Kulturlandschaft von ihrer besten Seite

Grünflächen werden gemäht, gnadenlos. Vier- bis fünfmal pro Jahr, im schlimmsten Falle noch öfter. Der Verbraucher will nun mal gesättigt werden, und so müssen auch die Mägen seiner Nutztiere immer prall mit Futter gefüllt werden. Was sichtbar wird, wenn Effizienz mal ausnahmsweise nicht die Hauptrolle spielt und Wiesen wie früher die Chance haben, eine Zeit lang ungehindert wild vor sich hin zu gedeihen, das zeigt besonders schön die Gernsdorfer Weidekämpe.

Durch vertraglich abgesicherte Schutzmaßnahmen, die der unermüdlichen Mahd entgegenwirken, blühen hier von Ende Mai bis Mitte Juli Tausende von Orchideen, weshalb die Hochebene zwischen Gernsdorf und Irmgarteichen das größte Orchideenvorkommen Westfalens aufweist. Wer an dieser Stelle vornehme Zuchtorchideen erwartet, wie sie in rauen Mengen auf deutschen Fensterbänken zu finden sind, wird vielleicht enttäuscht sein. Wer jedoch einen Blick für das Zarte, Feine, unscheinbar Kleine hat, dem gehen auf der Gernsdorfer Weidekämpe die Augen über vor lauter filigraner Buntheit. Zwischen Klappertöpfen und Schlangen-Knöterich wachsen die leuchtend gelbe Arnika, die Grünliche Waldhyazinthe und das violette Wald-Läusekraut. Und wem es die Farbe Lila angetan hat, der wird sich besonders über die Begegnung mit dem Gefleckten und Breitblättrigen Knabenkraut freuen.

Freuen können sich auf der Weidekämpe aber auch selten gewordene Vogelarten wie das Braunkehlchen und der Wiesenpieper, Bodenbrüter, die auf diesem Gelände ihre Zöglinge in aller Ruhe auf ein Leben im Grünen vorbereiten können. Und deshalb wird von Mai bis Juli auch kein Vieh auf die Weiden getrieben. Dass der Mensch auf diesen Flächen ebenso wenig zu suchen hat, versteht sich von selbst. Gut, dass sie vom Weg aus immer noch beglückend genug einzusehen sind, zum Beispiel mit einem Fernglas.

Adresse Parkplatz an der L 722 zwischen 57234 Wilnsdorf-Gernsdorf und 57271 Netphen-Irmgarteichen | ÖPNV Bus R 13 bis Gernsdorf Wende oder R 16 bis Irmgarteichen Ort | Tipp Die Nutzung des Audio-Guides, der den circa vier Kilometer langen Rundwanderweg begleitet, macht auf interessante Details aufmerksam. Siehe www.rothaarsteig.de unter »Weidekämpe«.

109 Kaufhaus Schuh

Der Karstadt von Rudersdorf

Ein Kaufhaus auf dem Lande? Der Städter hegt Zweifel, wenn er zum ersten Mal das etwa 2.500 Seelen zählende Dörfchen Rudersdorf (mit eigenem Bahnhof) bereist, um jene Räumlichkeit zu besichtigen, in der es nach zuverlässigen Zeugenaussagen so ziemlich nichts gibt, was es nicht gibt.

Nichts ahnend und noch wenig beeindruckt betritt der Städter das von außen eher unauffällige Gebäude übers Erdgeschoss, um die sagenumwobene erste Etage zu erklimmen. Dort weiß das Auge des Betrachters nicht, welchem Objekt der Begierde oder des täglichen Bedarfs es sich zuerst zuwenden soll, denn auf der circa 280 Quadratmeter großen Verkaufsfläche bietet sich in kompaktester Anordnung eine schier unübersehbare Fülle all dessen, was der Mensch zum Leben und Wohlfühlen so braucht: Kurz-, Schreib- und Haushaltswaren, Deko- und Geschenkartikel, Wolle und Spielzeug.

Seit 1898 wissen sich die Schuhs mit ihrem kleinen Kaufhaus gegen die städtischen Kommerzriesen erfolgreich zu behaupten. Seelenlose Einkaufszentren scheinen den Schuhs ebenso wenig anhaben zu können wie der anonyme Kosmos des World Wide Web. Es ist einfach schön zu wissen, dass Marion Schuh, die Seele des Kaufhauses, viele ihrer Kunden noch persönlich kennt (obwohl auch die Laufkundschaft nicht eben klein ist, die bis ins Johannland reicht), dass sie selbstverständlich Rouladennadeln, Einmachgummis und Entsafterschläuche auf Lager hat und mühelos auf Vasen-, Topf- und Bräter-Anfragen reagieren kann.

Nicht zu kurz kommt im Kaufhaus Schuh auch der liebenswerte Kleinkram für Kinder, repräsentiert durch eine exzellente Auswahl glibberig-wabbeliger Nutzlosigkeiten und anderer überflüssiger Gimmicks. Vieles davon erfreut auch das kindliche Gemüt erwachsener Kunden, die noch mit Schleimi und Yps-Heften groß geworden sind. Schon an dieser Stelle des Schuh-Sortiments wird es für Karstadt schwierig mitzuhalten.

Adresse Dorfplatz 9, 57234 Wilnsdorf-Rudersdorf, Tel. 02737/214454 | ÖPNV Bahn nach Rudersdorf oder Bus R 13 bis Rudersdorf Kreuzstraße | Öffnungszeiten Mo–Fr 8–12 und 14–18 Uhr, Mi, Sa 8.30–12 Uhr | Tipp Ein weiteres außergewöhnliches Geschäft liegt nur ein Dorf weiter: der Hofladen des Birkenhofs (Ort 107) mit Regionalprodukten in Bioqualität.

110_Das NaKuMe

Paradies der Lebensräume

Natur, Kunst, Mensch – in dieser Reihenfolge und Gewichtung sind die drei »Größen« genannt, von denen der Erlebnispark auf dem Rödgen geprägt ist. Die Bezeichnung »Erlebnispark« ist allerdings irreführend, denn das circa 7.000 Quadratmeter große Areal mit seinen etwa 4.000 Quadratmetern Eichenmischwald hat rein gar nichts zu tun mit jenen lärmenden Vergnügungsgettos, die mit immer höherem technischen Firlefanz um die Aufmerksamkeit der gelangweilten Verbraucher buhlen. Nein, Rummel ist nicht vorgesehen. Das NaKuMe ist »ein Ort ruhiger Betrachtung und Besinnung« und soll das auch bleiben.

Natur ist in dieser Oase mehr als reichlich vorhanden. Manfred Stangier, der grüne Kopf des NaKuMe, hat über Jahre hinweg unermüdlich einen Kleinkosmos der Biotope und Habitate aufgebaut, der seinesgleichen sucht. Der Besucher findet die Flora des Westerwälder Basaltbuchenwaldes ebenso nachgebildet wie die des Dillenburger Kalkbuchenwaldes, stößt an Teichanlagen auf Moor-, Sumpf- und Wasserpflanzen, andernorts auf Felsbesiedler aus den Dolomiten. Das nötige Gestein dafür hat der leidenschaftliche Botaniker aus der heimischen und übrigen Welt zusammengetragen. Wenn in der Umgebung ein Haus abgerissen wird, dann ist es nicht unwahrscheinlich, dass die Trümmer irgendwo im Reich der 27 Habitate ihre letzte Ruhestätte finden, etwa als urige Haroldsburg mit Gruppensitzgelegenheit.

Die Kunst, vor allem die der Skulptur, ist in den Zusammenhang der Pflanzen und Steine harmonisch eingebunden, sowohl ergänzend als auch kontrastierend. Dabei zeigt sich das NaKuMe stets offen für Neuzugänge, die auch in Form von Veranstaltungen erfolgen können. Im parkeigenen Westerwald steht dafür eine gemütliche Backes-Hütte zur Verfügung, in der bei Lesungen und Vorträgen der Ofen geheizt werden kann. Frisch gebacken werden auf dem Gelände des NaKuMe seit Neuestem auch Hochzeitspaare.

Adresse Höhenweg 1, 57234 Wilnsdorf-Obersdorf, Tel. 0177/3381344, www.nakume.de | **ÖPNV** Bus R 14 bis Rödgen Kirche | **Öffnungszeiten** März–Okt. So 14–18 Uhr oder nach Vereinbarung, Sommerpause: siehe Webseite | **Tipp** Neben dem NaKuMe befindet sich die Simultankirche Rödgen, ein kath.-ev. Doppelbau mit gemeinsamem Kirchturm; oberhalb, auf dem Obersdorfer Rundwanderweg, ein keltischer Schmelzofen aus der Latènezeit.

111 Die Tiefenrother Höhe

Lieblingsblick der Windnasen

Das Besondere an diesem Aussichtspunkt ist, dass sich von ihm ein paar Inhalte dieses Buches überblicken lassen, wenn auch aus weiter Ferne. Von links nach rechts, also von Südwesten bis Nordosten: Burbach, Wilnsdorf, Siegen, Kreuztal (in Gestalt des Kindelsbergturms, Ort 51), Erndtebrück und Bad Laasphe.

2008 wurde die Aussichtsplattform an der Grenze zu Hessen, direkt am Rothaarsteig errichtet, und Wanderer wie Radler schwärmen in den höchsten Tönen von ihr (Schwärmhöhe: 552,3 Meter). Ihren Ruhm verdankt sie dem gemütlich bestuhlten Halbrund, das sich bei sommerlichen Temperaturen in der Abenddämmerung mit Leben füllt. Wer dann das Glück hat, der Sonne am fernen Horizont bei ihrem Untergang zusehen zu dürfen, hat die »Nase im Wind«, weshalb man die beliebte Plattform auch so genannt hat.

Was viele Windnasen nicht wissen, ist, dass, während sie oben in beschaulicher Distanz zur Zivilisation die Ruhe vom Alltag genießen, derselbe unten im Berg munter weiterläuft, denn quer durch die Tiefenrother Höhe geht der gut 2,5 Kilometer lange Rudersdorfer Tunnel, der längste Eisenbahntunnel Nordrhein-Westfalens, welcher seit 1915 die Bahnhöfe von Siegen und Haiger verbindet. Der Hauptgrund, warum die Preußische Staatseisenbahn damals den Berg löcherte, war die Kohle, die sich durch den Tunnel vom Ruhrgebiet in Richtung Süden mit einer Streckeneinsparung von etwa 30 Kilometer transportieren ließ.

Wanderer sollten an dieser Stelle *keine* Strecke sparen und einen großzügigen Tagesausflug ins Auge fassen, der am Birkenhof (Ort 107) beginnen und an der Wacholderheide vorbei zur »Nase« führen könnte, um dann über die Haincher Höhe und den Sonnenweg, vorbei an der Gernsdorfer Weidekämpe (Ort 108), seinen Verlauf Richtung Irmgarteichen zu nehmen. Nicht zuletzt deshalb, weil man dort auf der langen Bank (Ort 65) die Beine so schön lang machen kann.

Adresse oberhalb vom Wanderparkplatz Wacholderheide, Nähe Wahlbacher Hof, 57234 Wilnsdorf-Wilgersdorf | **ÖPNV** Bus R 13 bis Wilgersdorf Buswende | **Tipp** Unterhalb der Aussichtsplattform befindet sich auf einer Wiese (zugänglich vom Parkplatz) ein ovaler, gemauerter Lüftungsschacht, aus dem der Berg bei historischen Dampflokfahrten unheimlich raucht.

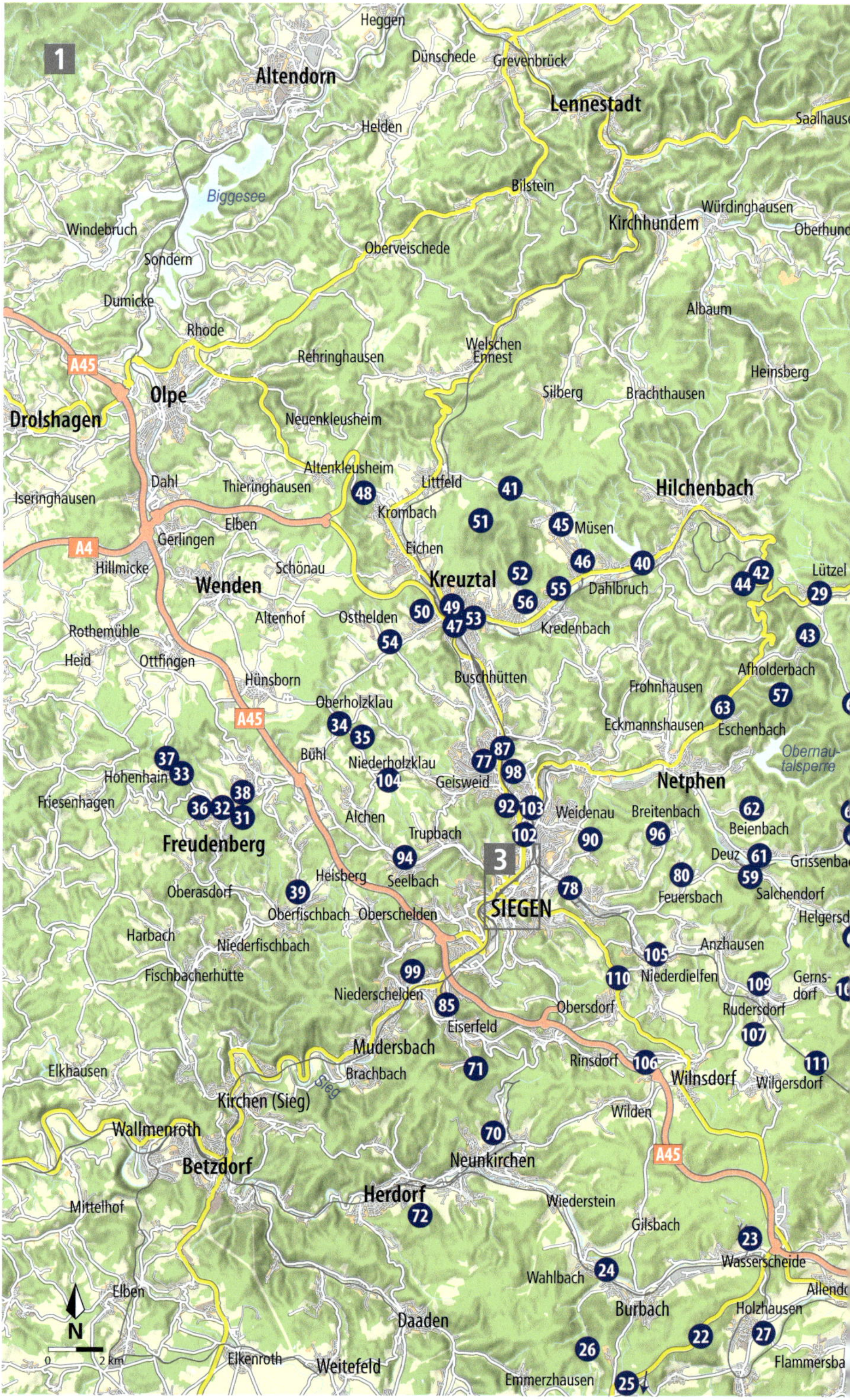
1
Heggen
Dünschede
Grevenbrück
Altendorn
Lennestadt
Saalhause
Helden
Biggesee
Bilstein
Würdinghausen
Windebruch
Kirchhundem
Oberhund
Sondern
Oberveischede
Dumicke
Albaum
Rhode
Welschen Ennest
Heinsberg
A45
Rehringhausen
Olpe
Silberg
Brachthausen
Drolshagen
Neuenkleusheim
Altenkleusheim
Littfeld
Hilchenbach
Dahl
Thieringhausen
Iseringhausen
Krombach
Müsen
Elben
Gerlingen
Eichen
A4
Hillmicke
Schönau
Lützel
Kreuztal
Dahlbruch
Wenden
Altenhof
Ostlhelden
Kredenbach
Rothemühle
Heid
Ottfingen
Buschhütten
Afholderbach
Hünsborn
Frohnhausen
Oberholzklau
A45
Eckmannshausen
Eschenbach
Bühl
Niederholzklau
Obernau-talsperre
Hohenhain
Geisweid
Netphen
Friesenhagen
Weidenau
Breitenbach
Alchen
Beienbach
Trupbach
Freudenberg
Deuz
Grissenba
Heisberg
Seelbach
3
Oberasdorf
Feuersbach
Salchendorf
SIEGEN
Oberfischbach
Oberschelden
Helgersd
Harbach
Niederfischbach
Anzhausen
Fischbacherhütte
Niederdielfen
Gerns-dorf
Niederschelden
Obersdorf
Rudersdorf
Eiserfeld
Mudersbach
Rinsdorf
Elkhausen
Brachbach
Wilnsdorf
Wilgersdorf
Sieg
Kirchen (Sieg)
Wilden
Wallmenroth
Neunkirchen
A45
Betzdorf
Herdorf
Wiederstein
Mittelhof
Gilsbach
Wasserscheide
Wahlbach
Allendo
Elben
Burbach
Holzhausen
N
Daaden
0
2 km
Elkenroth
Weitefeld
Emmerzhausen
Flammersba
48
41
51
45
46
40
42
44
52
55
29
56
50
49
47
53
54
43
57
63
34
35
87
77
98
37
33
104
38
36
32
31
92
103
62
102
90
96
94
61
80
59
39
78
105
99
110
109
85
107
106
111
71
70
72
23
24
22
27
26
25

2
Schmallenberg
Züschen
Lenne
Fleckenberg
Schanze
6
Milchenbach
Girkhausen
Latrop
Hallenberg
Jagdhaus
9
Neuludwigsdorf
5
12
Wemlighausen
Diedenshausen
Wingeshausen
Aue
4
3
Bad Berleburg
2
1
Raumland
13
11
Dodenau
10
Schwarzenau
Elsoff
Birkelbach
7
Arfeld
Reddighausen
Zinse
Sassenhausen
30
Schameder
Hatzfeld
28
29
Balde
8
Holzhausen
Erndtebrück
Holzhausen
Eifa
Oberndorf
Bermershausen
Puderbach
19
Weide
Bad Laasphe
Weifenbach
Feudingen
Dexbach
20
18
15
Wallau (Lahn)
14
17
Engelbach
21
Biedenkopf
Banfe
Lahn
Walpersdorf
66
Wiesenbach
16
Breidenbach
Eckelshausen
Hesselbach
Kombach
Buchenau
Fischelbach
Werthenbach
Wolfgruben
Wolzhausen
Lahn
Achenbach
Dautphe
Oberdieten
69
Hainchen
Dautphetal
Rittershausen
Mandeln
Niedereisenhausen
Mornshausen
Dietzhölztal
Steffenberg
Offdilln
Herzhausen
Simmersbach
Gönnern
Steinperf
Weidelbach
Eschenburg
Holzhausen
Angelburg
Lixfeld
Hirzenhain
Bottenhorn
Runzhausen
Oberroßbach
Wissenbach
Rachelshausen
Frohnhausen
Manderbach
Nanzenbach
Gladenbach
Tringenstein
Siegbach
Weidenhausen
Bad Endbach
Mornshausen
A45
Eibach
Dillenburg
Lohra
Oberscheld
Eisemroth
Günterod
Oberweidbach
Donsbach
Niederscheld

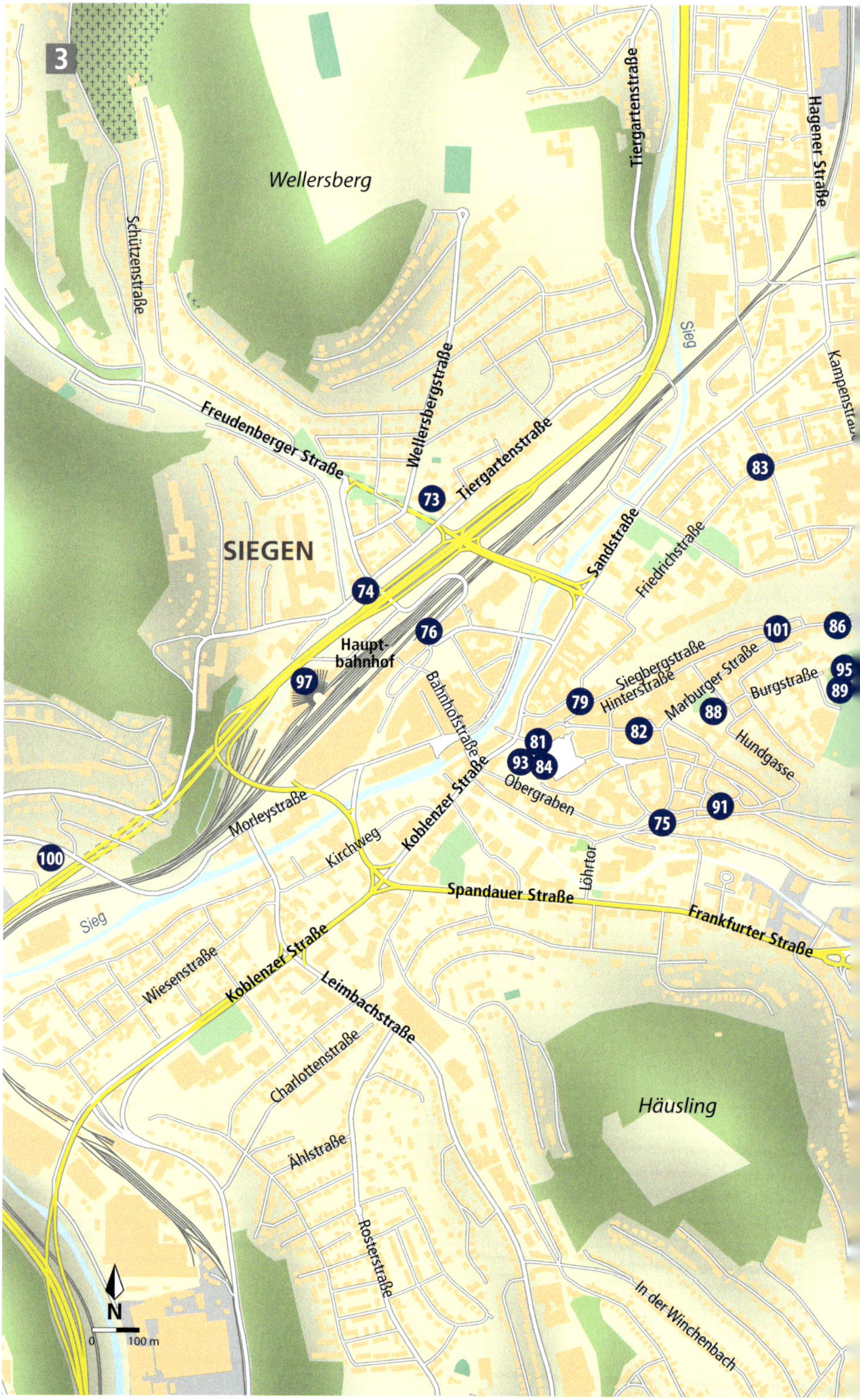
3
Wellersberg
Schützenstraße
Tiergartenstraße
Hagener Straße
Sieg
Freudenberger Straße
Wellersbergstraße
Tiergartenstraße
73
83
SIEGEN
Sandstraße
Friedrichstraße
74
76
Haupt-
bahnhof
101
86
95
89
Siegbergstraße
Hinterstraße
Marburger Straße
Burgstraße
97
79
88
82
81
93
84
Bahnhofstraße
Hundgasse
Obergraben
Koblenzer Straße
Morleystraße
91
75
Kirchweg
100
Löhrtor
Spandauer Straße
Frankfurter Straße
Sieg
Wiesenstraße
Koblenzer Straße
Leimbachstraße
Charlottenstraße
Häusling
Ählstraße
Rosterstraße
N
0
100 m
In der Winchenbach

Stephanie Katerle
111 Orte in Paderborn, die man gesehen haben muss
ISBN 978-3-7408-0645-3

Daniel Robbel, Dirk Unschuld
111 Orte im Ahrtal, die man gesehen haben muss
ISBN 978-3-7408-0850-1

Ralf Koss
111 Orte in Dortmund, die man gesehen haben muss
ISBN 978-3-7408-0649-1

Garnet Manecke, Vera Anders
111 Orte in Mönchengladbach, die man gesehen haben muss
ISBN 978-3-7408-0606-4

Bernd Imgrund
111 Orte in der Eifel, die man gesehen haben muss
ISBN 978-3-7408-0729-0

Bernd Imgrund
111 Orte in der Eifel, die man gesehen haben muss, Band 2
ISBN 978-3-7408-0552-4

Fabian Pasalk
111 Orte in Wuppertal, die man gesehen haben muss
ISBN 978-3-7408-0247-9

Fabian Pasalk
111 Orte in Essen, die man gesehen haben muss
ISBN 978-3-95451-924-8

Ursula Gilbert, Michael Klein
111 Orte im Siebengebirge, die man gesehen haben muss
ISBN 978-3-95451-921-7

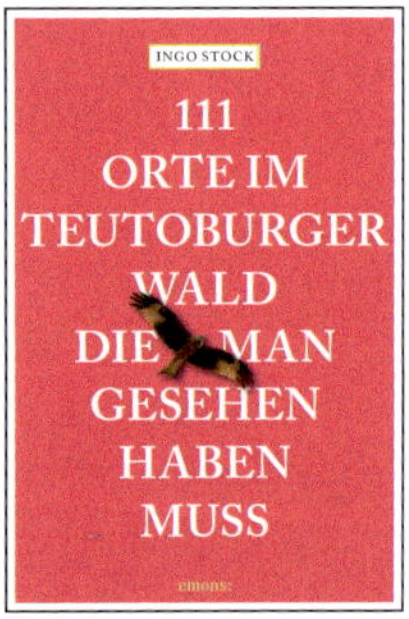

Ingo Stock
111 Orte im Teutoburger Wald, die man gesehen haben muss
ISBN 978-3-95451-859-3

Markus Danner, Johannes Seibt
111 Orte in Leverkusen, die man gesehen haben muss
ISBN 978-3-95451-849-4

Ralf Koss, Stefanie Kuhne
111 Orte im Ruhrgebiet, die uns Geschichte erzählen
ISBN 978-3-95451-415-1

Fabian Pasalk
111 Orte im Ruhrgebiet, die man gesehen haben muss
ISBN 978-3-7408-1034-4

Fabian Pasalk
111 Orte im Ruhrgebiet, die man gesehen haben muss, Band 2
ISBN 978-3-95451-223-2

Eckhard Heck
111 Orte in Bonn, die man gesehen haben muss
ISBN 978-3-95451-212-6

Paul Stänner
111 Orte im Münsterland, die man gesehen haben muss
ISBN 978-3-7408-1099-3

Ralf Koss, Stefanie Kuhne
111 Orte im Bergischen Land, die man gesehen haben muss
ISBN 978-3-95451-027-6

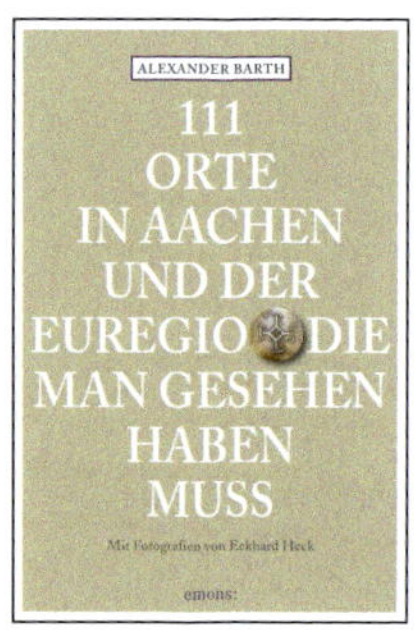

Alexander Barth, Eckhard Heck
111 Orte in Aachen und der Euregio, die man gesehen haben muss
ISBN 978-3-89705-931-3

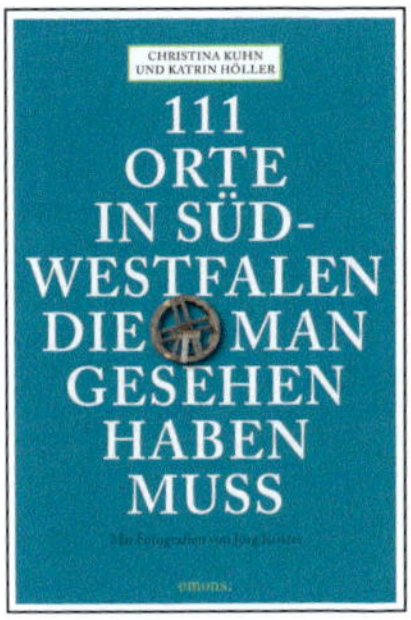

Jörg Küster, Christina Kuhn, Katrin Höller
111 Orte in Südwestfalen, die man gesehen haben muss
ISBN 978-3-89705-926-9

Peter Eickhoff
111 Orte am Niederrhein, die man gesehen haben muss
ISBN 978-3-89705-815-6

Bernd Imgrund, Nina Osmers
111 Orte im Kölner Umland, die man gesehen haben muss
ISBN 978-3-89705-777-7

Bernd Imgrund, Britta Schmitz
111 Kölner Orte, die man gesehen haben muss, Band 1
ISBN 978-3-7408-0801-3

Bernd Imgrund, Britta Schmitz
111 Kölner Orte, die man gesehen haben muss, Band 2
ISBN 978-3-7408-0882-2

HP Mayer
111 Orte im Rheingau, die man gesehen haben muss
ISBN 978-3-7408-0999-7

Anna Köhler
111 Orte in Offenbach, die man gesehen haben muss
ISBN 978-3-7408-0982-9

Holger Grumt Suárez, Rolando Grumt Suárez
111 Orte in und um Gießen, die man gesehen haben muss
ISBN 978-3-7408-0971-3

Ingo Stock
111 Orte im Werra-Meißner-Kreis, die man gesehen haben muss
ISBN 978-3-7408-0855-6

Tim Frühling
111 Orte in Mittelhessen, die man gesehen haben muss
ISBN 978-3-7408-0883-9

Dorothee Fleischmann
111 Orte im Taunus, die man gesehen haben muss
ISBN 978-3-7408-0727-6

Tim Frühling, Christine Frühling
111 Orte in Osthessen und in der Rhön, die man gesehen haben muss
ISBN 978-3-7408-0127-4

Sonja Morawietz,
Hartmut Heinemann
111 Orte in Darmstadt, die man gesehen haben muss
ISBN 978-3-95451-920-0

Dietmar Hoos, Susanne Hoos
111 Orte in Kassel, die man gesehen haben muss
ISBN 978-3-7408-0728-3

Eva Wodarz-Eichner
111 Orte in Wiesbaden, die man gesehen haben muss
ISBN 978-3-95451-670-4

Rike Wolf, Tom Wolf
111 Orte in Frankfurt, die man gesehen haben muss
ISBN 978-3-95451-342-0

Christina Marx, Ingrid Schick
111 Orte im Vogelsberg und in der Wetterau, die man gesehen haben muss
ISBN 978-3-95451-227-0

Gertrud Steiger, Joachim Steiger
111 Orte im Odenwald, Spessart und an der Bergstraße, die man gesehen haben muss
ISBN 978-3-7408-0878-5

Barbara Kemmer, Frank Schmitt
111 Orte in Koblenz, die man gesehen haben muss
ISBN 978-3-7408-0439-8

Peter Bieg, Maximilian Staub
111 Orte in Trier, die man gesehen haben muss
ISBN 978-3-95451-848-7

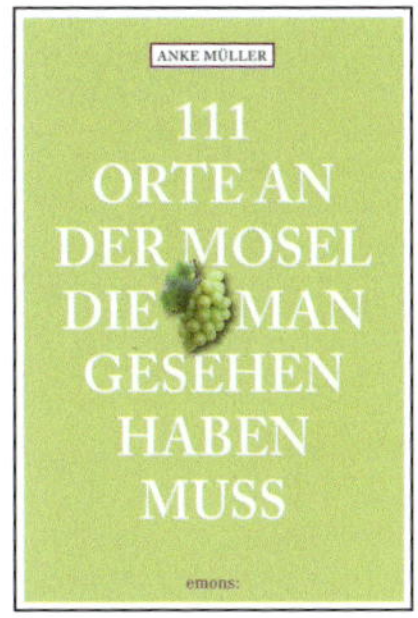

Anke Müller
111 Orte an der Mosel, die man gesehen haben muss
ISBN 978-3-95451-325-3

Elisabeth Friesenhahn, Peter Friesenhahn
111 Orte im Hunsrück, die man gesehen haben muss
ISBN 978-3-95451-319-2

Christina Kuhn, Christian Löhden
111 Orte in der Pfalz, die man gesehen haben muss
ISBN 978-3-7408-0881-5

Stefanie Jung
111 Orte in Rheinhessen, die man gesehen haben muss
ISBN 978-3-7408-0738-2

Jörn Heller wurde 1967 in Lüdenscheid, also im Sauerland geboren, sieht aber seit einiger Zeit keinen Anlass mehr, das Siegerland zu verlassen, wo der gelernte Theologe als Buchhändler und Autor lebt. Seine bisher neun Bücher sind allesamt gereimt, sodass ein Abstecher in den Bereich der Prosa irgendwann unausweichlich wurde. Dass seine Wahlheimat für den Gattungswechsel so viel Stoff bereithalten würde, hat ihn selbst überrascht.